人邮电商教育
E-Commerce

高等院校 电子商务
职业细分化创新型 规划教材

U0742346

电商

视觉营销设计

Visual Design Of Electronic Commerce

孙长清 ◎ 主编

李忠美 沈阳阳 薛瑾 陈铁军 侯光军 ◎ 副主编

人民邮电出版社

北 京

图书在版编目（CIP）数据

电商视觉营销设计 / 孙长清主编. -- 北京 ：人民
邮电出版社，2018.9
高等院校电子商务职业细分化创新型规划教材
ISBN 978-7-115-48750-6

Ⅰ．①电… Ⅱ．①孙… Ⅲ．①电子商务－商业经营－
高等学校－教材 Ⅳ．①F713.365.2

中国版本图书馆CIP数据核字(2018)第155687号

内 容 提 要

本书根据职业教育理念和电子商务美工岗位的工作要求，以培养读者的视觉营销能力和电子商务美工技能为核心，详细介绍了平面设计的基础理论知识、网店常用模板视觉营销设计、品牌形象设计、商品拍摄、图片处理，以及相关的实操项目。

本书还原了电子商务美工的工作情境，以任务为驱动，着力培养读者从事电子商务美工岗位所需的技能。全书内容前沿、案例丰富，讲解通俗易懂。

本书既可以作为高等院校、职业院校电子商务、网络营销等专业的教学用书，也可供中小电商企业、电商平台商家等相关从业者学习和参考。

◆ 主　　编　孙长清
　　副主编　李忠美　沈阳阳　薛　瑾　陈铁军　侯光军
　　责任编辑　朱海昀
　　责任印制　马振武

◆ 人民邮电出版社出版发行　　北京市丰台区成寿寺路 11 号
　　邮编　100164　电子邮件　315@ptpress.com.cn
　　网址　http://www.ptpress.com.cn
　　固安县铭成印刷有限公司印刷

◆ 开本：700×1000　1/16
　　印张：13　　　　　　　　　2018 年 9 月第 1 版
　　字数：268 千字　　　　　　2025 年 1 月河北第 13 次印刷

定价：59.80 元

读者服务热线：(010)81055256　印装质量热线：(010)81055316
反盗版热线：(010)81055315
广告经营许可证：京东市监广登字20170147号

前言 PREFACE

伴随互联网的发展和移动终端设备的普及，电子商务行业繁荣发展，网络营销领域已经成为商家的必争之地。而视觉营销是网络营销的重要手段之一。

美工岗位是目前电子商务行业内的热门岗位之一。该岗位主要从事商品拍摄、图片处理、网店美化、视觉营销等工作。高级电子商务美工则必须是成功的视觉营销设计师。目前，高职院校电子商务专业基本都开设了美工课程，以满足日益增长的美工人才需求。

电子商务企业的视觉营销实践随着市场在不断地变化和更新，优秀的美工不仅需要掌握相关技巧、实践，还应理解操作背后的营销理念、设计理念。这促使编者着手编写一本以"知其所以然"为目的的视觉营销教材，并且将众多内容提炼、简化，帮助读者提高综合素养，做一名了解行业需求、能够自我学习的高级电子商务美工。

本书共分3篇。第1篇为视觉营销设计概述，这部分内容将平面设计专业繁杂的专业知识进行浓缩，归纳为通俗易懂的通用法则，帮助非艺术类专业的读者快速理解平面设计中核心的知识要点，此外还增加了如何进行店铺各模块设计以及品牌形象视觉化的相关内容。第2篇介绍了电子商务美工岗位的核心技能，即商品拍摄、图片处理，从基础到进阶，从理论到实践，力求把理论知识与实践技能结合在一起，使读者边学边练。第3篇是实际案例的综合运用和解析，介绍了商品拍摄实战、图片精修实战、宣传广告设计实战，通篇讲解细致、翔实，便于读者理解和操作。

本书的读者为非艺术类专业美工相关课程的学习者，所以建议教师在平面设计理论部分多安排些课时，即先解决头脑的问题，再解决技术的问题，帮助学生通过课堂练习一步步将理论转化为认知。

本书由孙长清任主编，由李忠美、沈阳阳、薛瑾、陈铁军、侯光军任副主编。具体编写分工如下：孙长清负责第1章、第2章、第5章的编写；李忠美、薛瑾负责第3章的编写；陈铁军负责第4章的编写；沈阳阳、侯光军负责第6章至第8章的编写。本书的编写在苏州经贸职业技术学院电商物流学院领导的关心和指导下，荣获江苏省高校品牌专业建设工程一期项目基金的资助（序号为PPZY2015B194）。本书在编写过程中还得到了顾菁、仰光、万伟、沈洁等人的无私帮助。与此同时，本书的编写得到了苏州树云网络科技有限公司、苏州蓝赫朋勃智能科技有限公司等企业的大力支持与配合，从这个意义上来说，本书也可定义为"校企合作教材"。编者在此一并对所有关心和帮助本书编写的领导、同事、朋友以及参考资料的相关作者致以诚挚的谢意！本书配有PPT课件、案例素材、试卷、学生作品等教学资源，选书的老师可以登录人邮教育社区（www.ryjiaoyu.com）获取。

由于电子商务视觉营销的研究及教学尚处于发展初期，因此本书难免有疏漏、不足和偏颇之处，恳请广大读者不吝赐教和批评指正。

编　者

2018年5月

目录 CONTENTS

第1篇　视觉营销设计概述

第2篇 商品拍摄与图片处理

第4章 **商品拍摄**

第3篇 综合项目实战

第1篇
视觉营销设计概述

第1章

平面设计基础

视觉营销设计是平面艺术设计与营销的结合，其中"视觉"的表现主要依靠平面艺术设计（通常简称"平面设计"）。本章提炼了平面设计中的经典法则，并且为了满足电商专业的教学需求，增加了字体构成和编排的内容。

1.1 经典形式美法则

学习目标

❶ 了解形式美的主要法则
❷ 掌握形式美法则的组合应用

在了解形式美法则之前，我们需要了解"点、线、面"的概念。纯粹具象的"点、线、面"在自然界中是不存在的，属于抽象出来的概念。"面"可以由点和线构成，可以是无数的点的集合，也可以是无数的线的排列结合。"线"的概念小一些，是由无数的点排列形成的。"点"这个概念很特殊，既可以是最小的概念，同时又可以是最大的概念，因为"面、线"无限缩小后都会变成点。点、线、面之间的关系是相互变化统一的关系，如图1-1所示。

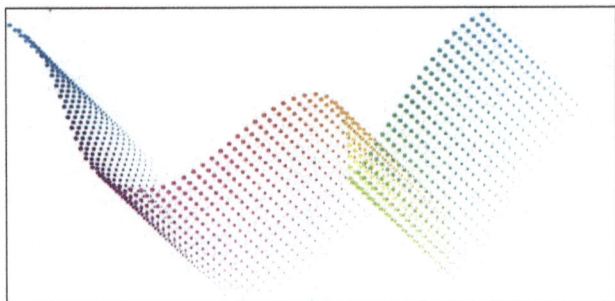

图1-1

在视觉上将"点、线、面"的元素进行排列组合，便形成了"形式"，具有美感的形式称为"形式美"。

>> 1.1.1 对称与均衡

对称是自然界中很常见的形式美法则，人体就很好地诠释了对称法则。对称本身具有平衡感，能给人稳定、均匀、整齐、协调、庄重、完美等朴素的美感；在视觉上会形成一种单纯、简洁的美的享受，大脑对这种对称的图形也更容易理解与接受。人类接受自己的对称，也对对称的事物有好感，进而产生了美感。图1-2所示为具有对称美感的事物。

图1-2

当然，过分的对称也会产生单调、呆板的感觉，所以如果在对称中适当地加入一些不太对称的因素，就会调和这种呆板的感觉，增加整体视觉上的生动性，如图1-3和图1-4所示。

图1-3

图1-4

当图像上出现不对称的时候，视觉上就会根据不同的大小、位置、轻重等要素产生不同的视觉偏移。均衡就是在这些偏移中找到一个平衡点，就像在天平上让砝码和物体取得平衡一样，让画面从非平衡状态达到平衡的状态。

商家在进行图片处理的时候，更多面对的是不对称的状态，所以很多视觉图像都是利用均衡法则来进行设计和处理的。在电商图像编辑中，最常见的均衡形式就是一边为图片一边为文字的均衡模式。在图1-5中，整张图就像一个天平，要想使左边的图和右边的文字取得平衡，就必须让人在视觉上感觉左右的重量一致；如果光有文字就会往左边倾斜，所以加入了花瓣，使文字和花瓣的视觉重量与左边图片的视觉重量取得了平衡。整个图像给人一种和谐、稳定的舒适感。

图1-5

对于图文错叠的排版方式，其平衡感更需要采用"点状文字"或者一些分割方式进行平衡。把文字被视作"点"来装饰图片，并在图片的视觉上实现平衡，如图1-6所示。

图1-6

▶▶ 1.1.2 重复与节奏

　　重复与节奏之间有着内在的联系：节奏是周期性的重复，节奏中的重复次数比较多；重复是指相同物象的再一次出现，并没有次数上的限制。依据一定规则进行的重复，可以使画面具有秩序感和运动感，如图1-7所示。

图1-7

　　在构成设计中，节奏是指构成元素按照一定的时间或距离，进行周期性的布局排列，以实现高低起伏而又统一有序的视觉美感。节奏具有强烈的运动感和时间感，连续重复是节奏形成的主要形式。节奏主要是在点、线、面、空间等要素的相互作用中体现的；节奏中的强弱、快慢之分，表现在画面上则是疏密、大小、虚实之分。看到好的平面视觉图像会像听到一首好歌曲一样让人喜悦兴奋，如图1-8、图1-9和图1-10所示。

图1-8

图1-9

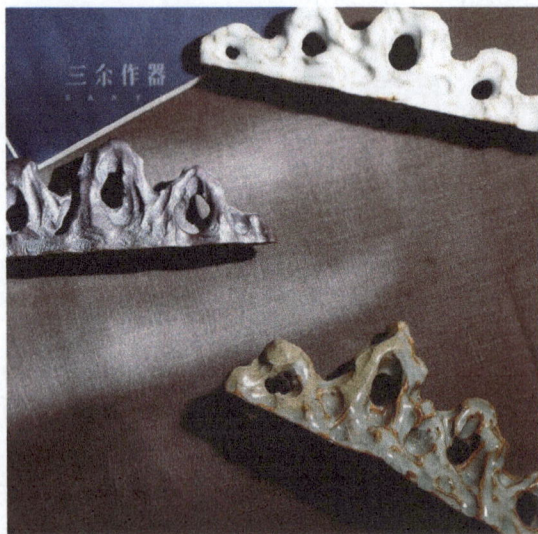

图1-10

▶▶ 1.1.3　对比与统一

　　一般来说，对比关系主要是通过形状的大小、粗细、长短、宽窄、厚薄，方向上的垂直、水平倾斜，位置上的高低、左右、上下、远近，色相上的明暗、冷暖，形态上的虚实、轻重、动静等多方面的对立因素来达到的。

　　过分地强调对比，会在视觉上形成不安、躁动感，所以对比还需要达到一种视觉上的统一，才能凸显画面的层次感，进而产生美感。作为视觉中心的产品包装盒有大小之分，大小之间可以形成对比，如图1-11所示。各种不同大小的组合，也能形成对比关系，如图1-12所示。位置的远近也是一种对比关系，它们都能在同一个画面中统一和谐，如图1-13所示。

图1-11

图1-12

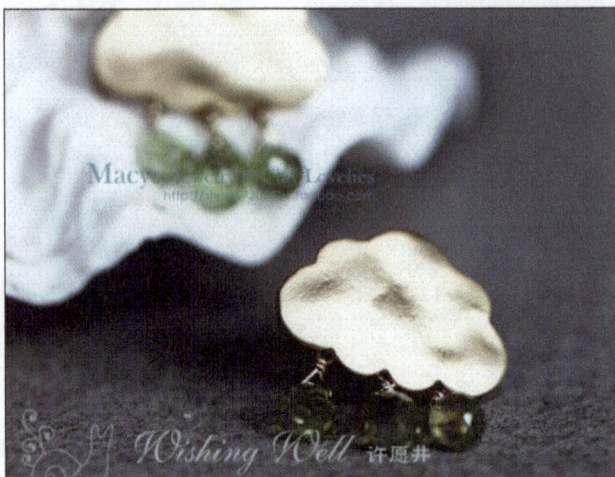

图1-13

课堂作业

任何具有美感的事物，都包含一种或多种形式美法则。请以小组为单位讨论并举例说明具有美感的商品图片，然后依据形式美法则，对10件相同的商品进行排列。

要求：

（1）讨论要在教师的安排下以小组为单位进行。小组成员把讨论结果整理成文字，记录在课堂作业本上。

（2）将10件相同的商品排列出至少5种不同的组合形式。

1.2 常用色彩配色设计法则及进阶学习

学习目标

❶ 了解色彩的基本术语

❷ 掌握色彩的搭配技巧

❸ 熟练运用色彩搭配知识进行色彩配色设计

电子商务类视觉设计色彩的理论都是基于计算机和网络的，所以需要学习色光的三原色混合。色光三原色由朱红光、翠绿光、蓝紫光组成，这三种颜色的光都不能用其他的色光相混而产生，但它们却可以混出其他任何色光，如图1-14所示。

图 1-14

在描述色彩的时候我们通常会使用专业术语，最基础的术语就是色彩的三要素，即色相、明度、纯度。

色相，顾名思义就是色彩的相貌。赤、橙、黄、绿、青、蓝、紫就是不同颜色的相貌，它们的色相各不相同。

明度，就是色彩的明暗程度。色彩的明度高，就是将光调亮一些；反之，就是将光调暗一些。如图1-15所示。

饱和度，又叫纯度，就是色彩的纯净度。一种色彩包含的颜色数量越少则纯净度就越高，反之就越低。如图1-16所示。

色彩就是通过改变这三个属性从而调整色彩在图片中的协调性。

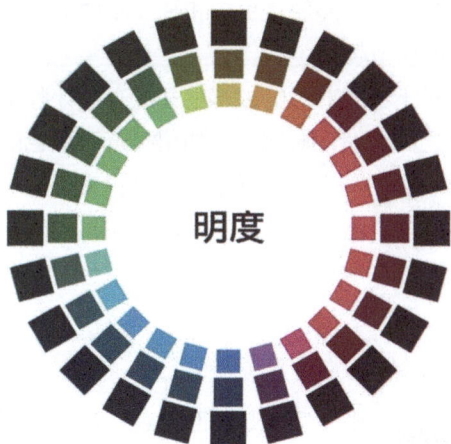

图 1-15

图 1-16

1.2.1 色彩搭配法则

1. 主色、辅助色与点缀色

配色，就是指色彩的搭配，其目的是使画面整体符合人对色彩最舒服的心理感觉，从而达到色彩的视觉平衡。有秩序的色彩组合，往往能使人产生愉悦的视觉享受。要利用色相、明度、纯度之间的对比与面积比例的变化来调整色彩，以此来达到配色的平衡。配色涉及的3个概念为主色、辅助色、点缀色。

主色是能够传达出画面整体风格的颜色，其面积最大。在选色阶段选取的几种颜色中，选一种作为主色，然后用在网页中需求最多的地方，如banner（网站页面的横幅广告）的颜色、导航的背景色、文字标题的颜色等等；辅助色是比主色所占百分比略少的颜色；点缀色一般是饱和度较高的颜色，一般用在网页中强调的内容或者突出的内容，如按钮、链接等。主体的3种颜色在整个网页中的比重大约分别是60%、30%和10%。如果主色为暗青色，辅助色是各种粉红色，再用亮黄作为点缀色，这样整体色彩的分布和搭配就比较和谐，视觉感受很均衡，当消费者看到图片时，心理感觉也最舒适，如图1-17所示。

图 1-17

应该使用明度差别较大的前景色和背景色进行搭配。即使是色相和纯度不同的色彩，如果它们的明度差别较小，也尽量不要把它们搭配在一起。

在设计过程中，设计师需要假设一点：观者对于色彩对比的敏感度并没有设计师本人高。所以在设计过程中，要尽量扩大前景和背景之间的明度对比。例如用接近于黑色的暗青色来和浅紫色进行对比，就能很好地突出想要表现的文字，视觉上很醒目；由于是一个色系的色彩变化，视觉上又很和谐，是既醒目又和谐的色彩搭配组合，如图1-18所示。

色彩入门容易、精通难，设计师需要不断地通过实践来总结经验，包括颜色的调和、分配等。

2. 基本色彩搭配法则

在搭配色彩的时候还有几个重要的概念和搭配的法则，它们是：互补色搭配、近似色搭配和类似色搭配、三角形搭配、正方形搭配。

图 1-18

（1）互补色搭配

色环上相对的两种色彩的搭配即为互补色搭配，比如红色和绿色，如图1-19所示。这种色彩之间的强烈对比在高纯度的情况下会引起色彩的颤动和不稳定感，在搭配时一定要处理好，不然会使得画面冲突非常严重并会破坏整体效果。

图 1-19

高纯度的互补色搭配在正式的设计中比较少见，主要是由于它的特殊性和不稳定；但是很显然，在各种色相的搭配中，互补色搭配无疑是一种最突出的搭配，所以如果想让图片特别引人注目，那么互补色搭配或许是一种最佳选择。圣诞节时的红绿色搭配就是互补色搭配的经典案例，如图1-20所示。

图 1-20

（2）近似色搭配和类似色搭配

色环上距离较近的色彩搭配被称为"近似色搭配"或"类似色搭配"，一般这种色彩之间的搭配显得平静而舒服，如图1-21所示。

近似色搭配常常在自然中比较常见，所以对于眼睛来说，这是一种最舒适的搭配方式。在使用近似色搭配的时候，一定要适当加强对比，不然画面会显得平淡。各种明度和纯度不同的绿在画面中构成了多层次的组合，形成了丰富的视觉色彩效果，如图1-22所示。

图 1-21

图 1-22

（3）三角形搭配

三角形搭配是在色环上等距地选出3种色彩进行搭配的方式。三角形搭配是一种能使画面生动的搭配方式，即使使用了低饱和度的色彩，也能达到这样的效果，如图1-23所示。在使用三角形搭配时一定要选出一种色彩作为主色，另外两种作为辅助色，如图1-24所示。

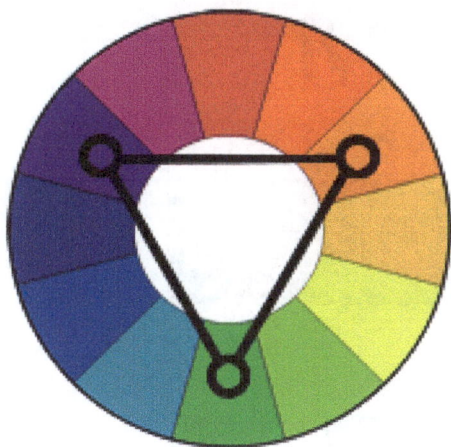

图 1-23

图 1-24

（4）正方形搭配

色彩被均匀地分布在整个色彩空间，这就是正方形搭配。当其中一种色彩作为主要色时，这种搭配能取得最好的效果；但是需要注意冷暖色的对比和平衡，如图1-25所示。

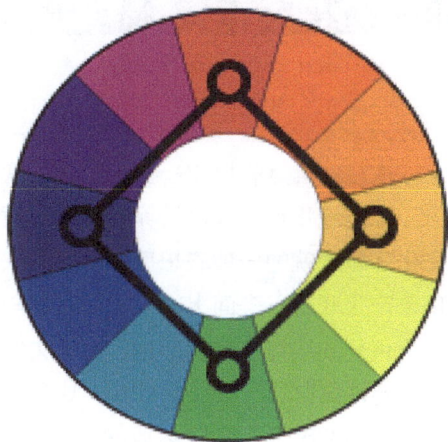

图 1-25

在广告宣传设计中，均匀地分布色环中正方形四角的色彩，将色彩按照一定的比例进行组合，便形成了较为和谐又丰富的画面色彩效果，如图1-26和图1-27所示。

图 1-26

图 1-27

1.2.2 色彩传达

色彩传达信息主要有两种途径：自然联想和社会（文化）联想。自然联想是一种本能反应，是指人在看到色彩时，本能地将色彩与自然界的某种物质或现象联系起来的反应。社会（文化）联想是后天文化环境造就的一种联想反应，即当人看到某种色彩时，会将色彩与所处文化环境的某些现象产生联想。表面上看来，把色彩与其他事物联系起来有些不合情理，一些设计师甚至认为色彩的选择只是靠感觉，而不去细究根本。但实际上，人们把一种色彩与某事物联系在一起是很自然的事情，有时候甚至是一件愉快的事情。

举个例子：一种柔和的低纯度蓝让人很自然地联想到蓝天，并给人清凉的感觉。图1-28中的浅蓝色，让人联想到了大自然纯净新鲜的空气，柔和又浪漫。大面积地使用这种蓝色，就会让"新鲜自然"这个概念植入浏览者对商品的印象中。

一个成功的视觉设计师必须了解色彩所传达的各种意义。有时候这种意义是非常简单且显而易见的。比如，人们看到红色，就会联想到火焰和温暖，以及烈焰红唇。因此，化妆品的色调使用红色会使浓妆的红唇形象浮现在人们的脑海中，如图1-29所示。

图 1-28

图 1-29

有的时候，时尚因素对色彩的影响会偏离我们的色彩法则，这一点是最令人琢磨不透的。由于时尚的变化速度极快，所以即使是有经验的设计师也很难做到真正把握这些。一般我们可以通过阅读和收集资料来获得这方面的信息。这种特例也是在不停地变化的，所以，作为视觉设计师要随时关注时尚变化。

以上就是在视觉营销的色彩设计中常用到的基本概念和搭配的法则。在了解了基本的概念和色彩搭配法则之后，如何能够将理论付诸实践，才是学习的目的。我们依据商家成功的色彩搭配案例，总结出一些技巧，供大家学习，以便大家迅速掌握色彩的使用规则。

1．巧用单色调营造简洁感

页面设计既要避免使用过多的色彩，让人眼花缭乱；也要避免使用单一的色彩，以免产生单调的感觉。在装修新店铺时，在拿不准使用哪些颜色时，整个页面可以使用单一色彩，然后通过调整色彩的饱和度和透明度使其产生变化。这样设计出来的页面不但不会单调，而且看起来更简洁、清爽，让人难忘。在图1-30中，店铺的底色使用了白色和灰色等浅色系的颜色，给人以干净、简洁的感受。

图 1-30

2. 巧用冷、暖色色彩提升品质感

不同的颜色给人的感受是不同的，这取决于颜色的"色温"。暖色调色彩的亮度越高，给人的感受越偏暖和软；冷色调色彩的亮度越高，给人的感受越偏冷和硬。

冷色调色彩包括蓝色、绿色及紫色等，它们能给人理智、冷静、沉着及坚实的品质感受，适合装饰、医疗、教育及高科技等行业的商品；同样也适合在春、夏季营销活动中使用。冷色系的组合充满了科技感，如图1-31所示。

图 1-31

暖色调色彩包括红色、黄色及橙色等，它们给人温暖、活泼、积极及健康的品质感受，适合食品、儿童用品和保暖衣物等商品，同样也适合在秋、冬季的营销活动。暖色调的色彩，能够唤起消费者心底的暖意。冬天来临的时候，人们看到这暖暖的保温杯的宣传海报设计，心中能感觉到冬天保温杯里升腾的热气。当色彩能带给消费者画面感的时候，视觉营销的目的就达到了。如图1-32所示。

图 1-32

3. 巧用邻近色营造统一感

在色环上任选一色，与其相距90°以内的色彩即称为邻近色。邻近色的特征往往是"你中有我，我中有你"。邻近色的搭配使用，能带给人舒适、自然的感觉，因此这种色彩搭配的使用率很高。在图1-33中，色彩搭配得很自然，使用了合理的比例，让色彩既跳跃又不夸张；背景的橙色和红色温暖、和谐，与近景的皮肤肉色和玫红色相统一，让画面充满了魅力。

图 1-33

4. 巧用互补色突出主次感

在色环上任选一色，与其相距180°的色彩即称为互补色，如红色与绿色互补，蓝色与橙色互补，紫色与黄色互补。在一般的设计使用中，互补色中的两色所占面积、比例并不同，其中用作主色调的色彩面积更大，另一色则作为衬托和点缀。

在图1-34中，不但互补色使用得很有层次，还运用了我们前面所讲的主题色与点缀色的搭配方法：黄色作为点缀的跳色，在以紫色为主体的画面中显得很精神，各种色彩前后主次的层次很分明。

图 1-34

5. 挑选适合店铺的色系

使用颜色准确地表达出店铺的特色，不是一件困难的事，它并不需要高深的审美能力和经验，因为色彩搭配是有规律可循的。图1-35所示是一家经营女鞋店铺的网页首页，针对的是少女年龄层的顾客，所以粉色很能反映品牌的主体商品和客户群的色彩，与模板中红色的框架也能很好地融合在一起。图1-36中的紫色也能形成时尚高贵的气质，与所经营的商品气质相符，也是比较合适的店铺色系。

图 1-35

下面介绍各种不同的色彩给人的心理感受，以及其适合的店铺品类。

（1）红色系是店铺宣传庆典活动使用颜色的首选色系。红色能带给人温暖、健康及充满活力的感受，是一种视觉刺激感很强的色彩。在众多的色彩中，红色是色调最鲜明、最热烈的色彩，它能表现出强烈的热情，更容易吸引买家的目光。红色是页面设计中使用频率最高的一种颜色。在设计过程中，需要把握好红色的使用度，用色过度容易造成视觉疲劳。在给红色配色时，适当地加入黄色、橙色、白色和黑色等色彩进行点缀，能让页面视觉过渡得更自然，如图1-37所示。

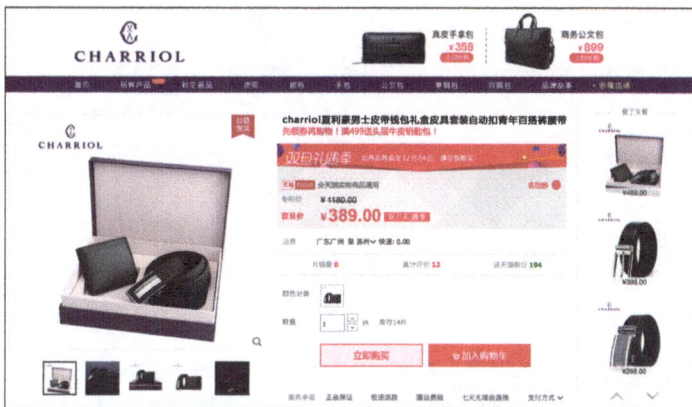

图 1-36

图 1-37

（2）橙色系是经营食品、家居用品和儿童用品网店的主打色系。橙色能给人舒适及明快的感受，但不会带来红色那么强烈的刺激感。在整个色谱中，橙色具有一定的兴奋度，令人振奋，富有活力，能让人产生幸福感。

在店铺页面色彩的应用中，橙色主要用于活泼、时尚的商品，它是一种引人注目的色彩，同时也是一种容易引起食欲的色彩。橙色能营造出积极、活力及美味等情绪的氛围，如图1-38所示。

店铺在使用橙色系时，一般都会搭配使用少量的红色、蓝色或紫色等辅助色，且橙色系与黄色系相邻，它们所适用的网店行业是相同的。

（3）黄色是经营家用电器、儿童玩具等网店的主打色系。黄色是所有色彩中亮度最高、最醒目的颜色，能给人明快、灿烂、愉快、高贵以及柔和的感受。在进行颜色搭配时，建议选用红色、黑色和白色来搭配黄色，这些色彩的对比度大，容易形成画面层次的对比，突出商品主体；而黄色与蓝色、绿色及紫色搭配时，能形成轻快的时尚感，黄色与绿色的大胆搭配，传递出年轻时尚的活力与青春气息，如图1-39所示。

图 1-38

图 1-39

（4）紫色是经营首饰、化妆品和成人用品的店铺的主打色系。紫色一直以优雅、高贵的品质赢得女性的喜爱。紫色并不是日常生活中特别常见的颜色，因而能带给人神秘和奢华、稀有的感受，同时也象征着浪漫、庄重与神圣。

紫色对所搭配的其他色彩要求比较高，因此该色彩并不适合大面积使用，但若使用得当，则能表现出非凡的时尚感，十分抢眼。不同色调的紫色体现的女性化气息往往也不同。紫色在灰色的衬托下，能衬托出更大的商品魅力。

紫色属于冷色调，在用紫色的同系色彩进行搭配时，能表现出宁静优雅的感觉，如果加入少量的互补色则能在宁静的氛围中表现出华丽与开放感。紫色与红色、黄色、橙色搭配时，能让页面的整体色调对比强烈，表达出非凡的时尚感，更容易让买家感受到激昂的情绪；紫色与白色搭配时，能让页面看起来更加简洁、大气和优雅；而紫色与黑色搭配时，能让情绪氛围显得更加神秘。

在店铺页面色彩的应用中，紫色经常用于女性首饰、高端化妆品、艺术品的装饰，因为紫色是最能表现出高贵奢华的色彩，因此更适合使用在昂贵的商品上。无论紫色所表达的感受是神秘还是优雅，都能让人一见难忘。紫色是高端商品装饰的首选色，如图1-40所示。此外，紫色容易吸引消费者的眼球，所以宣传活动也经常会用到紫色，如图1-41所示。

图 1-40

图 1-41

（5）绿色是经营保健品、土特产品店铺的主打色系。绿色能给人自然、活力和充满希望的感受，是最能表达出自然能量的色彩。绿色在色环上处于黄色和蓝色的中间，是一种亲和力很强的色彩，能带给人舒适感。绿色既能表现出大自然的生机勃勃感，也能传达出恬静、希望、健康的感觉，因此它在店铺页面中使用得很广泛，特别是用于与自然、健康相关的商品装饰中。

由于绿色也属于冷色调，如果整个页面单独使用这一种色彩，画面会变得更加冷静、单调，缺少鲜艳感；而如果加入少量的补色，例如红色、绿色，便能表现得很抢眼，甚至成为整个页面的主角，如图1-42所示。

图 1-42

（6）蓝色是经营清洁用品、海产品店铺的主打色系。蓝色是冷色系中最具代表性的颜色。不同于绿色和紫色，蓝色没有混杂任何其他颜色，色相纯粹，给人理智和冷静的感觉。而绿色和紫色，由于色彩中混杂了红色和黄色，尽管也属于冷色系，但表现出来的意象没有蓝色那样简明干脆。

在店铺页面色彩的应用中，若使用蓝色得当，可表现出小清新或时尚感。蓝色在与红色、黄色和橙色等暖色系进行搭配时，页面的跳跃感会比较强，这种强烈的兴奋感容易激发买家的购买情绪。蓝色如果和白色搭配，页面则能表现出清新、淡雅的感觉，凸显品牌感。

无论是淡蓝色还是深蓝色，都能带给人冷静、理智、可靠、成熟的感受，让人联想到科技、智慧和自然方面的事物。因此，蓝色系主要适用于数码产品、家用电器、清洁用品、汽车用品、医药品、海鲜和旅游等行业的网店。

店铺在使用蓝色系时，经常搭配使用白色、黄色等辅助色，如图1-43所示。

图 1-43

（7）高级灰色系是经营奢侈品店铺的主打色系。高级灰色系搭配是指用白色、灰色、黑色和各种低纯度颜色来设计页面，这种色系是经典的潮流色，永不过时。高级灰色系既能作为主色调来设计页面，也能作为其他高纯度色彩的辅助色搭配使用，是一种百搭的色彩系列，是新手实操过程中的安全设计色系。

高级灰色系，从它的命名中就可以看出颜色的"高级"。它很容易衬托出品牌的高档形象，如图1-44和图1-45所示。

在页面色彩应用中，应尽量多采用接近黑色的暗色调色彩。这类色调的色彩属性几乎完全没有色相，能形成类似黑色的意象，但又比黑色富有表现力一些，适合表现带有神秘感和力量感的服饰、箱包、数码产品及汽车用品等。

图 1-44

图 1-45

1.2.3 色彩搭配自学进阶

一名合格的美工应该能够利用素材进行快速设计。所以，除了掌握必要的理论知识之外，美工还要善于借助优秀的素材网站来进行配色的学习。这里，我们介绍几个经过精心筛选的、优秀的色彩搭配学习网站，以便读者快速晋级色彩搭配的高级阶段。

1. 主次双色素材搭配网站

设计让我们相信，世上没有不好看的颜色，只有不好看的搭配。Color Claim网站最初是设计师Schneider为自己建立的一个配色收藏集。一个主色加一个辅助色的简单形式，展示出了设计师出众的色感。该网站首页如图1-46所示。

图 1-46

在该网站能找到许多优雅、独特而又醒目的颜色搭配方案，能够为视觉设计师带来许多新鲜的配色灵感。使用时，可以保存图片单独取用，也可以直接下载样板色。在该网站上所有的颜色都有搭配的效果，如果某个搭配很适合你目前进行的色彩搭配项目，可以直接下载保存，并可以使用软件取色器进行取色编辑，如图1-47所示。

图 1-47

2. 渐变色素材搭配网站

有很多优秀的国外网站在色彩素材的搭配方面做得比较好。其中一个叫作"网页渐变"（Web Gradients）的网站是设计师常访问的一个网站，它的首页如图1-48所示。

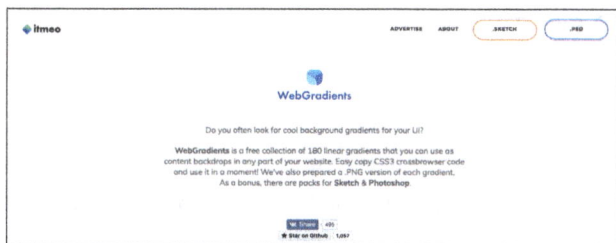

图 1-48

　　渐变色的运用是当下UI设计的一大热门趋势。色彩能给人以强烈的心理刺激与暗示，因而与阶梯形式的字体编排方式不同，色彩渐变的字体设计方式往往是从心理上给人以触动，让消费者的内心产生一种节奏与韵律的变化感。设计师如果将两种不同的色彩进行渐变处理，其明快的韵律感能够更好地触动消费者内心的情感变化。

　　如果说单色渐变是舒缓的小夜曲，那么双色渐变就是明快的轻音乐，而多种色彩渐变则是激昂的摇滚乐。将字体配以多种渐变设计，能产生丰富多变的视觉效果，给人以变幻莫测之感，这种色彩渐变效果能使版面充满韵律与美感。Web Gradients网站中收集了180个清爽漂亮的渐变色配方，全是像冰激凌一样令人眼馋的颜色。每种渐变色彩都很直接地展现在缩小的图中，如图1-49所示。在放大的图中，我们可以看到色彩的名称和下载键，可以一键复制CSS代码，也可以直接下载PNG格式图片，如图1-50所示。

图 1-49

图 1-50

3. 各种多色搭配素材网站

"色彩搜索"（ColorHunt）是个养眼的配色网站，在这里你能轻松地找到各种令人舒服的颜色配搭。无论你是做设计还是绘画，甚至单纯练习色感，这个网站都有用武之处。图1-51中不同主题的色彩搭配方案很丰富，我们可以根据不同的店铺需求选择相应的主题进行配色，也可以以此为基础变化出很多相似的搭配方案。当鼠标移动到不同色彩的图片上时，页面上会自动显示色彩的编码，便于用户进行软件操作，十分实用，如图1-52所示。

图 1-51

图 1-52

课堂作业

从各大电子商务平台的网络店铺中，分别筛选出10张你认为配色比较合理的图片，以及10张你认为配色不太合理的图片，阐述你的理由，并尝试总结配色成功案例的经验。

1.3 字体的构成法则与编排

学习目标

❶ 了解字体在版面中的作用
❷ 了解字体在版面中的构成法则
❸ 掌握图文排版的方法

》 1.3.1 字体在版面中的构成法则

亲和力是现代人非常需要的一种力量。采用重复与近似构成的方法打造具有亲和力的文字，使文字不再以单一的形态存在于版面中，能给人以心理慰藉，让消费者的目光被牢牢吸引。下面具体讲解字体在版面中的构成法则。

1. 底色色调近似

色调是指画面中的整体色彩倾向，是由色彩与色彩之间的整体关系构成的颜色阶调。从色调的视觉特征上可以将其以冷暖、色相等不同的类别进行划分。通过将版面中的文字进行不同色调的色彩配置，能够打造出和谐、统一的画面效果。

在字体的编排中，选用色调近似的冷色调作为字体的色彩配置，会给消费者以寒冷、清凉之感。冷色调的颜色，其明度与色度往往都比较弱，如绿色、蓝色与黑色等，如图1-53和图1-54所示。

图 1-53

图 1-54

将红、橙、黄这样的暖色调色彩运用到画面中，能使版面富有极强的视觉冲击力，让消费者从中感受到热情、奔放。所以，很多促销宣传的海报的颜色都选用暖色作为自己的主体色彩，尤其是红色，如图1-55所示。

图 1-55

在很多时候，设计师会将色调相近的色彩以渐变的形式进行编排，将渐变色作为字体的色彩配置。在这一渐变过程中所产生的多种颜色都是色调近似的色彩，这样的色彩配置能赋予版面绚丽、柔和的视觉效果。在图1-56中，版面中的字体就使用了由赭石色到金色的渐变，这样的处理丰富了字体的层次，让字体在视觉感受上更加饱满与丰富。

图 1-56

2. 字体大小的对比体现版面的层级关系

所谓字体大小，就是指对字体字号的设置。通过对版面中各文字的字号进行设置，使其在视觉上形成大小对比差异，让整个版面具有明确的层级关系，从而使消费者能够有序地阅读版面中的文字内容，提高文字的传播效率。

其实，每个版面都存在着一定程度上的视觉对比，只是有强弱之分。可以利用字体字号的大小设置，赋予版面强烈的视觉对比度，从而使整个版面具有鲜明的层级感。字体的层级由上到下分别呈现了大中小的层次关系，字体也由粗到细产生变化，其效果如图1-57所示。图1-58中的字体又呈现了不同的组合形式，点、线的组织让形式更加丰富。此时的字体不但可以表明商品的特性和功能，而且是图片的装饰元素，在版面平衡和构图设计中成为不可或缺的元素。

图 1-57

图 1-58

3．利用字体对应形式制造协调感

对应形式的编排手法是一种具有协调作用的设计处理手法，将其运用到字体编排中时，能够制造出协调的画面效果。对应形式的编排手法具有多种表现形式："一一对应""多对一"以及指示性元素对应等。运用这些方法能使版面中的各元素产生相应的对应关系。

在以对应形式编排版面中的字体时，最为常用的就是"一一对应"关系编排手法。设计者通常会将一段文字与一个图形元素进行对应搭配，以相同的搭配模式给人以协调感，如图1-59所示。采用图1-60中的形式，其指示感也很明确，整个画面结构也保持了平衡，点、线、面的组合搭配合理。

为了增强文字内容的说明力度，便于消费者的理解与接受，可以将文字说明配以多张图片，从而直观地呈现出文字想表达的主体内容。这样的编排方式还能提高版面的趣味性，让消费者能够轻松地进行阅读，如图1-61所示。

质地轻盈 吸收快

外包装上档次，小棕瓶精华，早晚洁面后都会使用，为肌肤形成一层保护屏障，眼霜比较温和，质地水嫩轻盈，每次豆粒大小就好，轻匀按摩吸收。

风***恋

有效改善干纹细纹

用过好多眼霜，终于等到你，对干纹、细纹有效果，已经坚持使用多年，只要细纹不再增加，就是有效，还有精华，晚上用过后等到早晨起来，皮肤不再那么暗淡或没有光泽，也不油，摸起来肤质好棒。

n***米

图 1-59

食品接触用
PP杯盖

盖内附着PP涂层
不惧高温，
呵护健康。

图 1-60

一口可以传承三代人的铁锅

傳承

【一口铁锅，是儿时妈妈做饭的味道
尽管传统文化在不断流失
我们也能 留住这些美好
让后代都能尝到和我们一样多的快乐】

图 1-61

以上所讲的两种对应编排手法皆采用了较为严谨、有序的处理手法，这样的编排形式给人以平缓、规整之感。另外，较为活泼的画面效果往往更能激发消费者的阅读兴趣，设计师可以将文字以自由的形式排放于版面之中，赋予版面生机与活力。图1-62至图1-64中文字的排版更为自由，这种形式轻松活泼，消费者在浏览商品时心情也更为轻松。

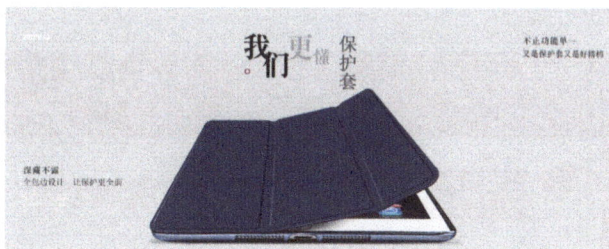

图 1-62

图 1-63

图 1-64

在字体的编排中，还有一种较为特殊的文字对应形式，即借助具有指示性的图形元素，让文字与图形或文字与文字之间产生相应的对应关系，赋予文字条理性，使其具有较强的分析说明力度。在使用这种文字编排方式时，应注意版面中各对应元素间的疏密关系与辨识度，要营造出舒适的阅读氛围，这种形式多见于详情页中的功能介绍和优惠活动等设计图中，如图1-65所示。

图 1-65

4. 色彩渐变打造富有韵律美的版面效果

我们通常所说的色彩渐变是指将某一个色彩在色相、明度及纯度上做出过渡变化，这一渐变过程可以是由浅至深、由灰色至艳丽色等，但是这种色彩变化一定要符合人们的审美观。将版面中的字体以这种色彩渐变的形式呈现，能为消费者带来一种富有韵律的美的感受。

色彩渐变的形式繁多，可以是单一色彩的渐变，也可以是多种色彩的渐变。不同的编排方式给消费者带来的心理感受也截然不同。单一色彩的渐变韵律感比较平缓，往往能塑造出具有质感的视觉效果，如图1-66所示。而图1-67所示则是采用多种颜色渐变的效果，色彩丰富且充满活力，色彩纯度较高，也具有科幻感。

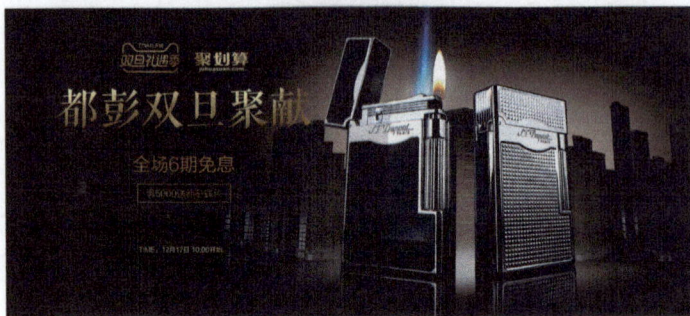

图 1-66

图 1-67

》 1.3.2　段落文字的编排法则

　　段落文字的篇幅通常较长，所含的内容信息也比较多，整篇满版的段落文字容易让消费者在浏览的时候产生视觉疲劳，从而降低了阅读兴趣，所以段落文字的整合和编排对于画面最后所呈现的整体效果至关重要。

　　在进行版面编排时，可以将段落文字组合成一个整体的形态，与画面中其他的元素相结合，对其进行创意设计，使其更加融洽，从而有利于提高版面的阅读率，使内容更好地传达出去。

1．主次关系明确

　　对于整体布局的完美把握，需要抓住同类信息的主次关系，在版面中按等级进行划分，使版面具有层次，这样才能使主要信息着重突出，给人以直观的视觉引导，方便用户阅读，并且能使版面具有空间感和美感，如图1-68和图1-69所示。

图 1-68

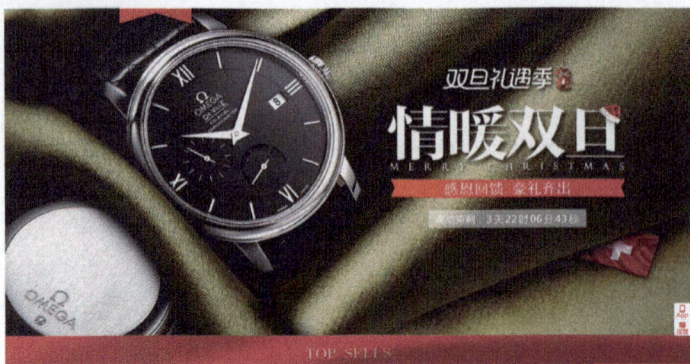

图 1-69

　　文字对于版面具有决定性的作用，文字字体样式的不同和局部细节的变化都会影响版面最后所呈现的整体风格，所以，应根据版面主要传达的内容来分析、确定版面风格。在图1-70中，为配合整体服装品牌青春可爱的风格，标题将字体设计成Q版的手写体，每一个字除了表述商品的功能和特性外，风格装饰效果同样也得到了体现。

图 1-70

　　在比较正式的版面设计中，文字的变化就不应太明显，应以较常规的字体来表现；而在某些带有宣传性的招贴或宣传册中，则要采用具有活力和变化多样的字体形态，以求让画面产生跃动感，加强视觉冲击力。白色的字体在红色的背景映衬下，显得格外醒目，如图1-71所示，在图1-72、图1-73、图1-74中的字体更是进行了主题风格造型优化，增加了画面的跳跃感。

图 1-71

图 1-72

图 1-73

图 1-74

2. 文字的编排必须具有规律形态

　　建议把段落文字进行合理的编排，使其在版面上以规律的形态得以表现，增加版面元素间的关联性和整体性，从而使版面给人以井然有序的印象，使浏览页面成为一个具有愉悦视觉体验的享受过程。图1-75和图1-76中字体排列整齐，整体排版显得严谨、有条理，形成的排比形式更是能够直观展示商品的相关信息。

图 1-75

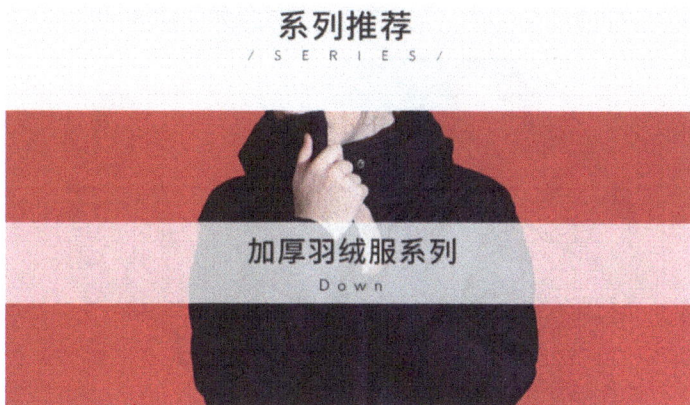

系列推荐
/ S E R I E S /

加厚羽绒服系列
Down

提供了两色多款式的选择性，
简约宽松，大气包容，防风高领御寒保暖

图 1-76

3．块面分明的板面间隔

在版式编排中，段落和段落之间的间隔有利于规整文字内容并强调层次感，对于版面的整体效果起着不可忽视的作用。使用较宽的段落间距，让每段文字被看作是独立的体块，打造出块面分明的板面效果，便于消费者阅读和查找。

块面化的段落文字编排能够给版面带来丰富的变化，使其产生不同的画面层次，更加有利于画面的风格表现。图1-77中将块面化的文字与版面中其他构成元素进行排列，可以带来新颖独特的版面效果，吸引消费者的好奇心，让消费者的浏览体验更加轻松、愉快。

图 1-77

4．增加版面变化感的构成间隔

将块面化的段落文字视为版面的构成元素，利用不固定的段落间距进行排版，能使版面富有变化，带来多样的形式表现，增强美感，其效果如图1-78所示。

图 1-78

图1-79中，不相等的段落间距能使版面显得随意和自由，同时利用段落文字的大小和颜色的不同，在画面中形成对比，让画面更具有层次感。

图 1-79

1.3.3 追求最优视觉效果的字体组合法则

1. 多语言文字的混合编排

多语言文字混合编排的手法在广告制作、公共场合的指示牌等媒介的编排上比较常见，主要分为"中文与英文混合"和"其他语言混合"两种。通过不同语言文字的对比与形态上的差异化，刺激消费者的视觉感官，同时因不同文化的互相组合，也更容易让消费者产生新鲜感。

2. 中英文混合编排

英文是目前世界上通行的语言之一，中英文文字的混合使用在当代的字体设计中已经非常普遍。中文的灵动和笔画的美感配合英文字母的流畅与圆滑，这样的编排文字组合能带给消费者兼具东西方文化的双重印象，在商品的宣传和造势上也能起到很好的易读作用，如图1-80、图1-81和图1-82所示。

图 1-80

图 1-81

图 1-82

其他多语言文字混合编排是指除中英文之外的其他国家不同语言之间的互相组合编排。图1-83中日文的字体就表明了商品的风格来源，带给消费者奇特、新鲜的感受。

图 1-83

3. 将风格不同的字体进行自由对比组合

在字体设计中，相对于相同风格的字体组合，不同风格的字体对比组合在画面效果上更趋向于个性化和多元化，能够带来更多的视觉刺激点。将不同风格的字体进行自由组合后，各个字体间的鲜明对比能使视觉元素更加独特丰富，符合年轻人的审美观。常规的字体与手写体的搭配显得俏皮生动，如图1-84所示。

4. 将色彩不同的字体进行对比组合

色彩的不同主要是指色相、明度和纯度的不同。通过不同色彩的字体对比组合，可以使画面的色彩层次感更强，色彩的韵律感更加突出。这些不同的色彩所表现出来的画面感也会更加丰富生动，更容易打动消费者。比如冷暖两种色彩的文字统一在深色背景下，如图1-85所示。

图 1-84

图 1-85

5. 巧用图文叠加增强文字的表现力

在字体设计中，运用图文的重叠和透叠将画面中的文字和图形相结合，从而增强文字的表现力，带给人不一样的浏览体验与视觉效果。在图1-86中，仅仅是加了叠层的字体，就显得设计感十足，消费者在浏览商品图时，潜意识里也会觉得服装的设计感也很强。

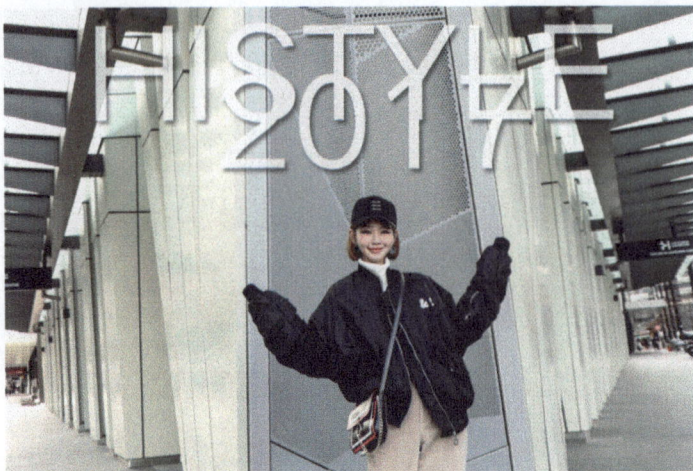

图 1-86

课堂作业1

　　教师给出2～3段介绍商品的文字，学生按照课堂所学的知识进行段落文字的排版练习，完成之后由教师点评。

课堂作业2

　　以小组为单位，学生尝试总结各种字体与其出现的场合之间的对应关系，教师可以视情况组织讨论。

课堂作业3

　　为一张图片添加字体，使之呈现不同的面貌和观感。

　　要求：

　　（1）设计至少10种不同样式的字体排版。

　　（2）自行设计1种常规字体库中没有的字体，并进行主题性排版。

　　（3）尝试使用手写体字体进行排版。

第2章
常用模块视觉营销设计

网店销售页面常用的模块包括商品的主要图片、店铺的招牌、横幅广告和商品的详细介绍，业内将这些分别称为：商品主图、店招、Banner、商品详情页。除此之外的其他网店模块都属于锦上添花而非必需的。如果视觉营销设计者能够把常用的模块做好，便可以触类旁通地设计好其他的模块。

2.1 商品主图视觉营销设计

学习目标

❶ 了解商品主图设计的目的
❷ 了解商品主图设计的法则
❸ 掌握运用商品主图突出商品特点的技巧
❹ 掌握提高商品主图艺术性的方法

商品主图设计的目的在于提高消费者的关注度，吸引流量。所以，很多卖家都在想着通过设计出抢眼的商品主图提升流量。一般情况下，我们在营销推广的时候，主要是要提升商品的曝光量。在点击率一定的情况下，曝光量越高，点击量也就会越高。在同样曝光量的情况下，如果把点击率提升一倍，那么流量也会提升一倍，因此要求主图既要展示商品的特点，又要具备丰富的营销功能。商品主图一般需要5张以上，并且每张主图的功能分工各不相同。商品主图的设计原则可归纳为：背景纯净不抢风头、商品的卖点要突出、局部细节要展示、商品展示角度要多样、设计的艺术性、形式感要强。

▶▶ 2.1.1 背景纯净不抢风头

消费者的注意力都比较有限，所以放在首页的主图背景应该相对纯净，尽量用较少的元素表达较多的信息。注意力集中的图片会减少消费者的视觉疲劳，更容易获得消费者的好感。5张常规主图里至少应该有一张背景纯净不抢风头的图片。使用纯白色的背景最便捷有效，因为白色很容易突出商品本身的吸引力。所以一张纯白色背景的商品主图是必备的，如图2-1和图2-2所示。

图2-1

图2-2

　　如果图片带浅色的背景或者场景也可以当作是纯净背景图，它们与白色背景的作用相同，如图2-3和图2-4所示。

图2-3

图2-4

　　纯净的背景并非什么都不能有，店铺的名称和标识等植入性的宣传元素是可以出现的，图2-5和图2-6为在淘宝平台上截取的带店铺名称的主图。

　　家电类商品更需要纯净背景图来突显商品的线条和材质，从而更好地展现商品设计的外观，如图2-7和图2-8所示。

图2-5

图2-6

图2-7

图2-8

如果在白色背景上有渐变的反光，则更能展现商品整洁的外观，增强商品的美观度，如图2-9和图2-10所示。

图2-9

图 2-10

2.1.2　商品的卖点要突出

　　当背景纯净的主图放在主页上并赢得了消费者的注意时，消费者会反过来认真地看商品的细节图。此时，如何吸引消费者点击进入商品的页面，就需要卖家进行商品卖点的提炼和表达了。

　　对自家商品的卖点，卖家应该最清楚。卖家可以把所有商品卖点列在一张表格中，然后把最能吸引消费者点击的卖点放在主图上。通常需要不断地进行测试，才能找到最能打动消费者的卖点。如果需要突出商品是进口商品，可以把主要的进口标识放在首要位置，如图2-11和图2-12所示。

图 2-11

图 2-12

　　如果需要强调科技类商品的先进功能，也应该把卖点提炼出来放在主图上，如图2-13、图2-14和图2-15所示。

图 2-13

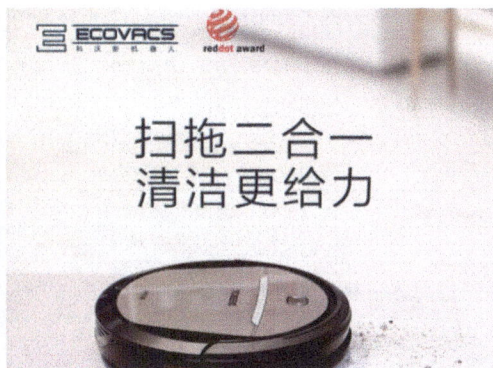

图 2-14

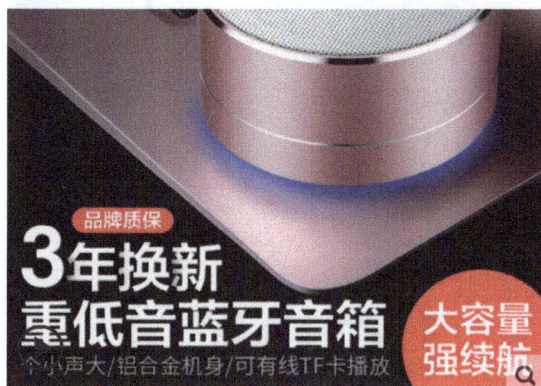

图 2-15

优惠活动类的卖点也是很有吸引力的，可以将消费者从单纯的商品挑选思维迅速转换到商品购买思维，并可以植入营销活动链接，所以主图中也需要一张有此功能的图片，如图2-16和图2-17所示。

图 2-16

图 2-17

　　服装类的商品可以与店铺内其他商品进行搭配整合，因此需要注重面料和款式设计的卖点提炼，如图2-18和图2-19所示。通过模特的展示，能够把消费者想要看到的穿着效果都展现出来，如图2-20所示。

图 2-18

LOOK.1

穿上的衣服让我们看起来年轻了5岁
是不是就可以继续任性下去

图2-19

图2-20

>> 2.1.3 局部细节要展示

局部细节也是非常重要的,通过局部的细节展示将卖点准确表达出来,会对点击率产生很大的影响。在通过不断的测试找到了最能吸引用户的卖点以后,通过不同的摆设,将商品的具体细节展示出来,把消费者想要看的东西展示给他们,这样就能够有效地提升点击率。服装类的局部细节展示包括局部面料材质、服饰配件、制作工艺等,如图2-21和图2-22所示。

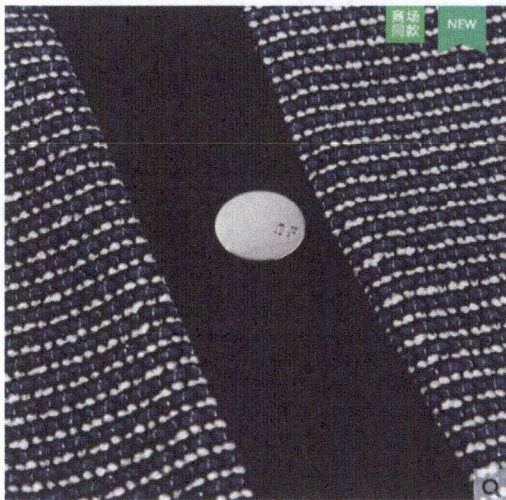

图 2-21

图 2-22

工业类商品的细节主要展现功能构件、可开启构造、尺寸、配件等,如图2-23所示。

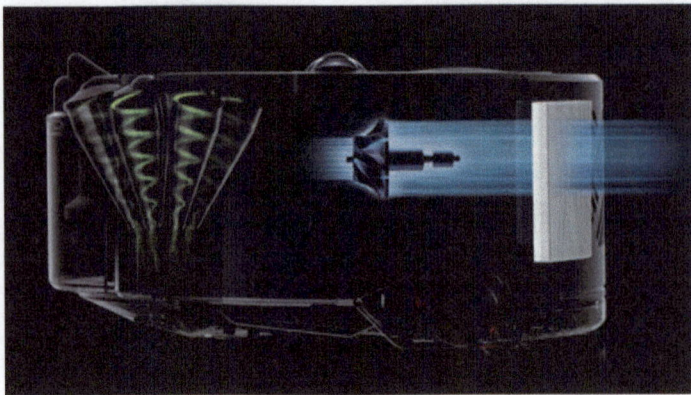

图 2-23

2.1.4 商品展示角度要多样

消费者在了解某个商品的时候会关注其全方位的信息，所以美工商品主图中应尽可能多角度地呈现商品的外观等信息。通常需要展示的角度包括商品的正面、背面、侧面、顶面、底面等。当然根据情况可以进行合理的调整，展现商品最有价值的角度。比如服装类商品除了需要正反面两个角度展现以外，还要展示不同动作下服装的状态，这就需要卖家根据具体商品进行不同的调整，如图2-24所示。

图 2-24

2.1.5 设计的艺术性和形式感要强

卖家需要以主图图片附加的艺术性和设计感来增强消费者对店铺品牌的认可。这就用到了本书开篇学习的形式美法则和色彩搭配法则，即要对商品排列的艺术性和设计感进行规划，如图2-25和图2-26所示。

图 2-25

图 2-26

除此之外，多种商品集中展示时，主图排列效果就构成了店铺整体陈列效果。一个店铺给人最佳的视觉效果应该是：商品的布局整齐、陈列方式统一、用色柔和。

虽然可以通过软件对商品图片进行后期处理，但商品角度是无法改变的。因此在拍摄前，需要统一规划好每种商品主图的拍摄角度，让店铺整体效果看起来更加专业。这就要求店铺里出现的同类别产品的主图处理手法保持一致，如图2-27～图2-30所示。

图 2-27

图 2-28

图 2-29

图 2-30

课堂作业

依据主图设计原则，对比分析1~5家高级别网络店铺的主图设计，指出哪些店铺遵循了本书列举的原则，哪些店铺没有遵循本书列举的原则，并说明各自有何优缺点。

要求：3~5人分组讨论，汇总后制作PPT进行汇报。

2.2 店招视觉营销设计

学习目标

❶ 了解店招对于店铺的重要性
❷ 掌握店招视觉设计法则

店招（含导航）是买家进入店铺后第一眼就能看到的模块，因此店招是店铺中最好的形象展示位，也是最优质的广告位。利用好店招位置宣传品牌、宣传优惠活动等，会收到事半功倍的效果。

店招的设计元素包括：店铺品牌Logo（Logo表示标识、标志）、导航条、搜索栏、门头区等。门头区主要包括店铺收藏按钮、爆款链接、优惠券、红包等。一个相对完整的店招如图2-31所示。

图2-31

店招不是必须包含所有的元素，美工也可以根据需求自己进行调整。如图2-32所示，即使没有收藏按钮，没有爆款链接和优惠券等，但是整体设计很大气，黑白的搭配比较沉稳，符合其文玩高级定制店铺的气质，也是不错的店招设计。

图2-32

图2-33与图2-32有异曲同工之妙，通过一张色彩鲜明的背景图瞬间提亮了整个店铺的视觉效果，热情洋溢，充满了好客的氛围。这样的店招虽然没有包含所有的元素，但是效果依然不错。

图2-33

有的店铺的店招更为简洁。如图2-34所示，仅有黑白两色和简单的文字Logo，新中式的气息就非常饱满地展现出来了，如同中国画一般的意境就浮现在消费者眼前，视觉效果也达到了。有的简洁的新中式风格除了文字之外还有配图，简单的配图加上几个功能性的元素，比如收藏按钮等，不但平衡了整个画面的视觉重心，而且将文化氛围全部展现出来，这也是成功的店招设计，如图2-35所示。

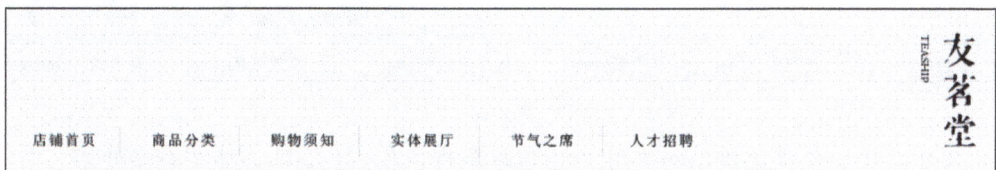

图2-34

图2-35

在图2-36中，整体的蓝色调配上白色导航条，有种青花瓷的感觉，又加上互补色橙色作为跳色，整体的搭配无论是在气质方面还是在色彩方面都表现不俗。

图2-36

2.2.1 与店铺整体的色彩和风格统一

店招的整体色彩不能超过3种颜色，色彩尽量要协调，分清主色、辅助色和点缀色。下面几个店标的色彩都控制在3种以内，所以配色显得和谐统一，没有使人产生浏览时的视觉疲劳感。三色以内的配搭形成了合理的搭配组合，与整个网页的风格较为统一，如图2-37、图2-38和图2-39所示。

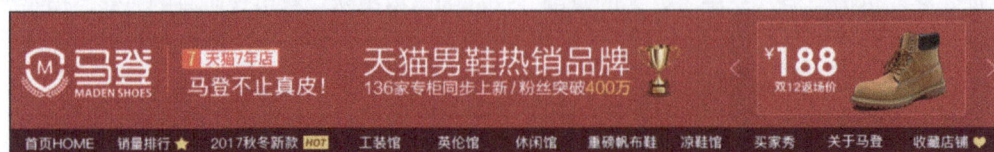

图2-37

图2-38

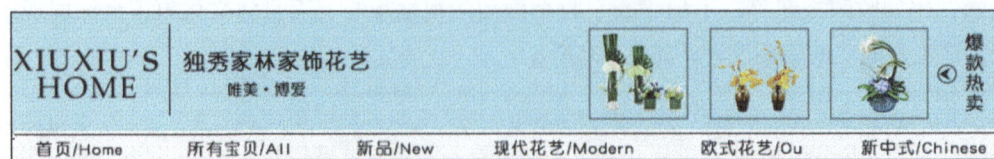

图2-39

图2-40中，GAP品牌Logo的主要用色是藏青色和白色，所以店招背景使用了白色

的底显得简洁大方，字体颜色则选用了与Logo相同的藏青色，在白色背景的映衬下给人一种青花瓷一般的明快感。由于冷色的面积比较大，所以又用了暖色中的红色与其搭配，形成了较为和谐又符合品牌配色的搭配。因此借用品牌Logo的色彩为店招做搭配是个简便的思路。

图 2-40

美图的店铺也是选用了白色作为底色，将Logo的玫红色作为跳色搭配浅灰色，如图2-41所示。

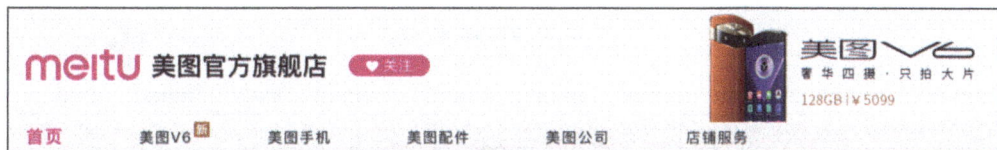

图 2-41

如果品牌发布了每一季的流行色，那么店铺也可以根据品牌的流行色进行店招的调整。在图2-42和图2-43中，波司登发布了2017年秋冬的流行色是淡紫色渐变，所以店招也使用了淡紫色的渐变，更加贴近时尚流行。

图2-42

图2-43

2.2.2 简洁大气，以少胜多

设计工作是一个去繁就简的过程，简洁又具有功能性的设计被认为是"高大上"的。因此众多平台的店招设计选用了一个既方便又实用的策略，那就是使用浅色或者单色背景直接加店铺Logo。

对于大品牌来说，品牌的印象已经深入人心，故网店经营者不用花费心思过分考虑品牌的宣传，新产品和营销活动才是重点，所以大品牌可以把重点从店招转向产品和活动的介绍宣传上。品牌越是高端，其店招就越是简单。下面来看几个我们熟知的品牌旗舰店的店招，这几张图的共同特点就是简洁。整体的店招简洁大气，把细节都展现在商品详情中，如图2-44~图2-48所示。

图 2-44

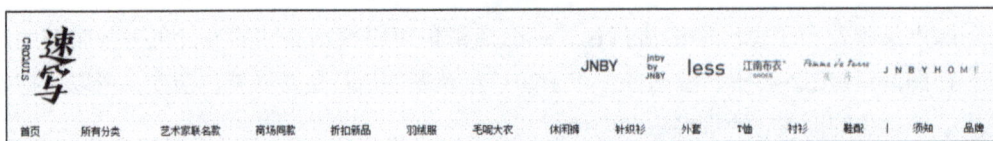

图 2-45

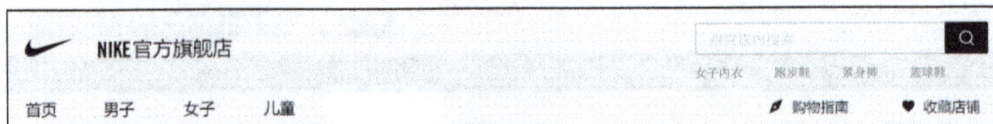

图 2-46

图 2-47

图 2-48

2.2.3　合理且丰富的营销手段

对于大品牌的店铺来说，店招已经减弱了其宣传的作用，仅仅留下品牌识别的作用了，但是这个空间对于视觉营销来说价值还是很大的。小米官方旗舰店的店招栏里，就有"收藏店铺""爆款活动"等标配栏目，如图2-49所示。

图 2-49

对于中小卖家来说，一款好的店招，也要展示好爆款（有条件的可以设计活动专场及链接）、品牌标志和收藏链接。特别要重视收藏链接，因为收藏量对于店铺排名指标考量来说占有一定的权重。如果收藏链接没有在店招位置添加，也可以将其添加在导航位置。如果没有能力设计多个二级页面，可以在导航部分关联到不同的分类栏里面，分类条目尽量充分利用，使其整体看起来美观的同时也增加了消费者浏览更多链接的可能。

在图2-50中，这家店的店招在营销手段上是丰富的，但是视觉上有些混乱。而图2-51的优点在于整体简洁大气，色彩不繁杂，列出了二级链接；但是缺点也很明显，其导航条的设计稍显简单，内容分类也不够细致。利弊各半，美工需要根据实际情况进行取舍。

图 2-50

图 2-51

课堂作业

依据店招设计原则，从各大电商平台上临摹10个店招。

要求：每人临摹10个以上符合店招设计原则的店招，包括优惠券和红包图标的制作、店铺Logo的制作。

2.3 Banner视觉营销设计

首页广告是店铺风格营造最直观的展现位置，尤其是横跨屏幕的Banner图，面积大且位置突出，对于营造氛围作用巨大。一般来说，除了浏览器本身需要的高度和平台页头的高度之外，剩下的就是宝贵的Banner图和海报图集中展现区域。这个区域的主要目的是吸引目标消费者。有的消费者进入首页之后，会迅速判断商品的风格档次是否是自己所需要的，如果风格不符合消费者品位，消费者可能就会离开。卖家觉得消费者离开了是损失，其实，非目标消费者的离开对销量的影响并不大，关键是能否吸引真正有购买需求的目标消费者。所以，Banner视觉营销设计有以下3个原则：（1）店铺风格突出，品牌定位明晰；（2）品牌、店铺两级优势直观呈现；（3）图像清晰，设计感强。

2.3.1 店铺风格突出，品牌定位明晰

我们以服装类店铺为例进行讲解。

服装类店铺的设计风格和消费群体定位是最多样的。服装消费者对于自己的风格把握很明确，这就要求商品信息能准确告诉消费者店铺商品的定位风格。比如，店铺商品的定位是可爱少女风，那么模特、色彩以及道具都是与风格定位相吻合，消费者一眼就能从图片的信息中读取到，如图2-52与图2-53所示。

图2-52

图 2-53

而图2-54所示店铺的整体风格就是街头风，从模特和商品的信息中也透露出街头潮人风格。消费者进店之后的第一眼店铺的营销信息就被完整地植入了。消费者能通过整体风格很容易就辨认出产品的风格和定位，如图2-55和图2-56所示。

图 2-54

图 2-55

图 2-56

　　除了图片的信息之外，图片上出现的文字信息也有着重要的作用。图片文字信息介绍了服装的材质、季节和活动的信息，配合模特展现的品牌定位，把商品的信息和店铺的风格展现得更加立体，如图2-57所示。

图 2-57

　　服装类产品风格多元，不同文化风格品类定位需要不同的画面感，比如中式和美式的风格差别迥异。如图2-58和图2-59的中式风格，所用皆为中式传统审美元素，它们借用不同文化场景输出了不同的定位。

图 2-58

图 2-59

相对于中式服装来说,西式服装常用的元素特点也很明显,如图2-60和图2-61所呈现的就是军品风格的服饰,依靠相应文化背景图的展示就能在Banner图中找到相应的文化归属,从而达到营销的目的。

图 2-60

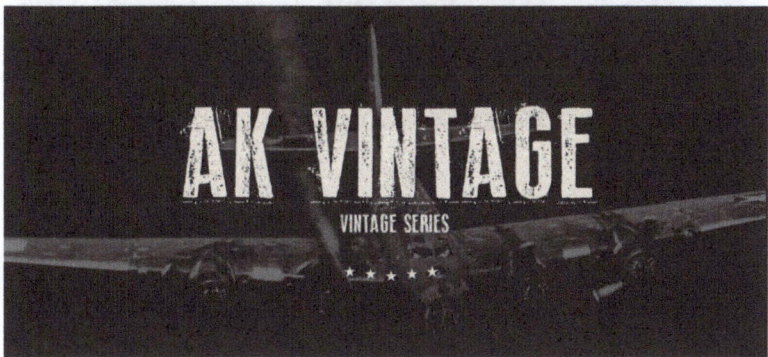

图 2-61

定位消费者的消费层次也很重要。商品是靠销量取胜还是靠设计附加值提高单价？抑或是要走奢侈品高端定制路线？这个问题并没有统一的答案。以饰品类产品为例，如果是要跑量就需靠近大众审美，物美价廉，那么Banner图中商品的宣传重点就要侧重于优惠和低价。需要展现哪些优点以及对谁展现决定了Banner图的内容，如图2-62和图2-63所示。

图2-62

图2-63

如果要靠设计感提高设计的附加值，那么Banner图就要尽量体现设计的价值，不能过多地加入"低价"的信息，而应该突出文化传承和技术细节，将品牌给人的第一印象作为重点来展示，那些"接地气"的内容就应该被弱化。即使是采用低价策略，也仅仅是体现折扣优惠，而不是直接将价格标出，品牌定位越高，其价格表达越委婉，如图2-64和图2-65所示。

图 2-64

图 2-65

　　首饰类品牌最高级的层次就是高端定制了。高端定制的饰品与奢侈品的营销类似，不需要过多的宣传，要呈现出高端定制的"高冷范"，表达就更加委婉了。可以直接将Logo放在中心，不做其他介绍，朦胧地用背景来展示商品，吸引消费者进入店铺进行了解，如图2-66和图2-67所示。

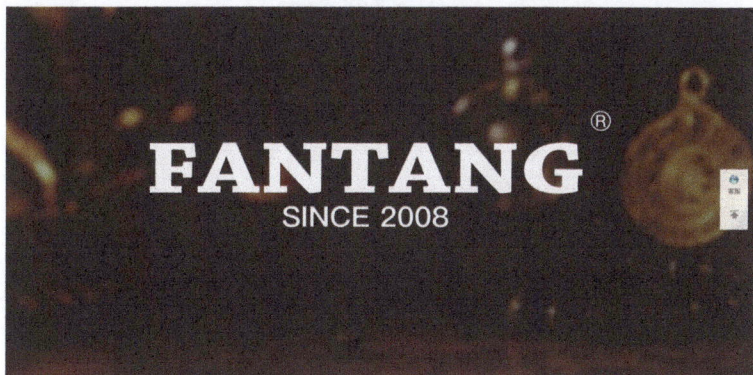

图 2-66

图 2-67

2.3.2 品牌、店铺两级优势直观呈现

企业作为品牌的拥有者，为了推广自己旗下的品牌而采取的营销手段都是品牌具有的优势，比如明星代言、产品科技创新、策划营销活动等。店铺可以借助企业的品牌宣传，推出适合店铺的二级宣传活动和优惠措施。这两级的所有营销宣传和产品升级都属于优势，所以在Banner滚动栏里应直观展现这些优势。

最直接的展现形式就是聘请明星作为品牌的代言人，品牌"韩都衣舍"将自己的代言人和时尚总监设定为品牌突出的卖点和优势，并将签约明星拍摄的代言人宣传图放在首页，以增强Banner图的说服力和吸引力，如图2-68和图2-69所示。

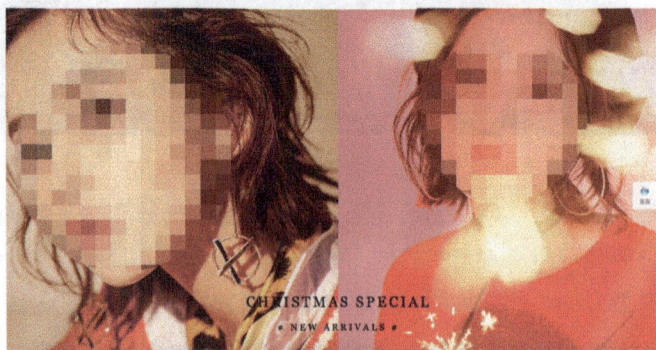

图 2-68

图 2-69

2.3.3 图像清晰，设计感强

图片的质量和设计感是另一个值得注意的问题，电子商务与以往的传统商务有所不同，消费者和商家不是面对面的交流，一切商品和服务的展示都是通过网络进行的。在网络时代，商品仅是一张虚拟的摄影图片，消费者对客服人员的印象也仅是一张头像图片，所有的感受都来自视觉，所以在这个"看脸""看图""看视频"的情境下，有关视觉的一切图片质量都要保证是高品质的。

质量高有几个衡量标准：首先是图像要清晰，也就是说图片的分辨率要高，拍摄细节要清晰。涉及摄影部分卖方一般会委托专业的第三方来拍摄，清晰的图像能够把商品或者模特拍摄得更加吸引人，商品的细节能够最大化地展示商品优点。图2-70和图2-72将模特拍摄之后进行了皮肤处理，使模特显得更加精神，虽然外籍模特在皮肤的细致程度上不如本土模特，但是其在肤色上有优势，所以利用其长处将模特拍摄出唇红齿白，再加上对产品后期的精修，从而把商品整体细腻简洁的特点提炼出来。再比如，图2-71所示的属于微距拍摄，商家对自己的产品比较有信心，可将细节完美地展示出来；同样经过后期的精修，产品的质感被完美表现出来。

图 2-70

图 2-71

图 2-72

  在信息清晰呈现的前提下，设计就可以作为加分项登场了。有设计感的图会吸引消费者的注意力，并为品牌的格调加分，尤其是以设计为卖点的商品。比如设计品牌"无线不循环"服饰，用前卫的背景和有特点的模特来塑造店铺"优于设计，品味独特"的形象，为自己的产品和品牌加分，如图2-73和图2-74所示。

图 2-73

图 2-74

"后序"品牌大胆、热烈的新中式风格冲击着视觉，整体模特的形象和背景字体的优化，很强烈地传达出品牌的艺术气息，如图2-75所示。

图 2-75

课堂作业

依据Banner图的设计原则，从各大电商平台上临摹5个Banner图。

要求：

（1）Banner图要有新意，能准确反映品牌定位。

（2）至少包含两种以上的不同文化元素。

（3）作业提交未合并图层的psd格式。

2.4 商品详情页视觉营销设计

学习目标

❶ 了解商品详情页的作用
❷ 了解商品详情页包含的内容
❸ 掌握商品详情页的视觉营销设计法则

商品详情页是影响店铺转化率最重要的因素之一。商品详情页设计之前有很多环节，每个环节都很重要。一个成功且专业的商品详情描述页，主要由优质的商品图片、图片后期的精心处理、出色的营销方案和良好的售前售后服务等因素组成。这些因素都需要摄影师、美工、运营者对商品和消费者进行分析后，确定展现的内容，再准备拍摄商品和制作图片。

　　详情页主要用来提供消费者想知晓的商品细节内容。主图的介绍让消费者对商品有了一个整体的认识，有关细节的内容都需要详情页来提供。下面我们以服装为例介绍详情页的设计原则。

2.4.1　提供消费者想知道的商品信息

1．整体大图展示

　　商品正面图或正侧面图的大图能使消费者对商品有直观和整体的了解。正面的图片是最能反映商品形态的，尤其是服装类的商品，如图2-76所示。

2．多角度展示

　　在正面的大图展示了商品大体的形象后，更多商品细节还要依靠其他多角度的图片来展示，以便消费者对商品有一个立体化的认知，如图2-77所示。

图 2-76　　　　　　　　　　　　　　　　　　图 2-77

3．功能信息展示

　　为了消费者能够深入了解商品的功能，判断商品是否满足自己的需求，详情页需要详细介绍使用材料和材料的优势特性，如图2-78所示。

4．参数信息展示

　　通过参数信息，消费者可以进一步了解商品的尺寸、质地等细节，如图2-79所示。当消费者认可了产品符合自己的购买要求并准备购买时，尺码大小就是考虑的因素了，所以这一环也是非常重要的，美工们可以像图2-80一样将尺码信息制作得更人性化、更细致化。

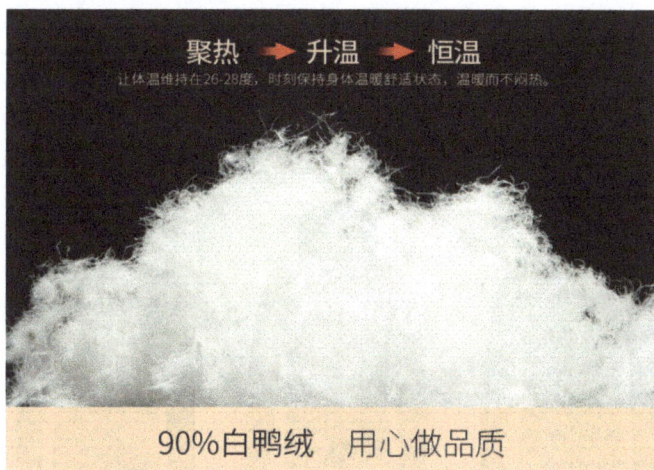

聚热 ➡ 升温 ➡ 恒温

让体温维持在26-28度，时刻保持身体温暖舒适状态，温暖而不闷热。

90%白鸭绒　用心做品质

图 2-78

尺码参考
SIZE REFERENCE

尺码表	胸围	肩宽	衣长	袖长
165/S	100cm	46cm	69cm	58cm
170/M	104cm	47cm	70cm	59cm
175/L	108cm	48cm	71cm	63cm
180/XL	112cm	49cm	72cm	64cm
185/XXL	116cm	50cm	73cm	65cm
190/XXXL	120cm	51cm	74cm	66cm
195/4XL	124cm	52cm	75cm	67cm
200/5XL	128cm	53cm	76cm	68cm

因测量方法为人工测量，可能会存在1-2cm误差属于正常现象，敬请谅解!

图 2-79

尺码推荐参考表

身高/体重	50kg	55kg	60kg	65kg	70kg	75kg	80kg	85kg	90kg	95kg	95kg
160-165	165	165	165	170	175	180					
166-170	165	165	170	175	175	180	180				
171-175		170	170	175	175	180	180	185			
176-180			175	175	180	180	185	185	185		
181-185				175	180	180	185	185	185	190	
186-190					180	185	185	190	190	195	
190-195							185	185	190	195	195
195以上								195	195	195	

建议165　建议170　建议175　建议180　建议185　建议190　建议195

注：每个人体型存在差异，着衣喜好各有不同，请根据自身体型选择衣服大小。

图 2-80

5. 款式颜色展示

消费者在购买时会查看是否有自己喜欢的款式颜色，因此商品颜色也是必备的详情页内容。商家可以把需要展现的颜色都列出来，最好将不同形态和不同光影下的颜色也都展现出来，如图2-81所示。

军绿　　　　　　　　　　酒红　　　　　　　　　　黑色

茄紫色
PURPLE

图 2-81

6. 细节特写展示

消费者是通过细节特写来判断商品品质特点的。细节决定着商品能否打动消费者。在同类商品竞争的情况下，最终影响消费者做决定的往往是在细节方面，所以细节的展示很重要。通常需要挑选最典型的细节来展示。比如，商家经过分析提炼之后认为，领口和袖口是最能够表现服装质量的细节，所以图2-82和图2-83提供了这两个地方的细节图。

DETAILS

【领口展示】

型男之选
时尚有型

图 2-82

DETAILS
—
【袖口展示】

包边设计
耐磨舒适

图 2-83

综合以上6点，消费者可以大致判断出所浏览的商品是否符合自己的要求。

2.4.2　提供商家需要展示的商品信息

1. 独特卖点信息展示

展示商品独家或独特的功能与卖点，可以从根本上打动消费者，体现商品的价值和品牌。比如，可拆卸的领子属于商品独特的功能，所以需要有图单独展示，如图2-84所示。

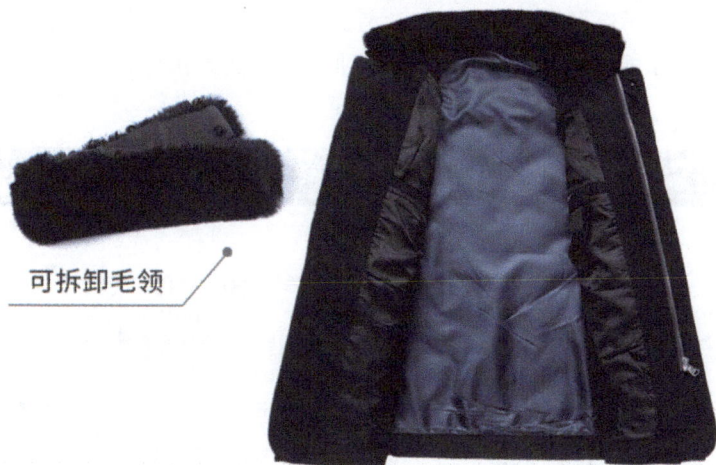

可拆卸毛领

图 2-84

2. 模特效果图展示

模特效果图比单纯的实物照片更吸引人，能带给消费者犹如亲身试穿般的感觉，从而产生共鸣和认同。模特对于商品的展示作用是很直观的，所以，凡是能够使用模特进行展示的服装商品尽量使用模特，而且模特尽量形象好、气质佳，如图2-85所示。

图 2-85

3. 实力资质展示

通过商品的检验报告、合格证书、资质证书、荣誉证书、工厂实景、生产仓储和实体店铺门面等图片来展示自己的实力，能够让消费者进一步对商品产生质量方面的信任感。波司登的企业形象和展厅形象展示，显示出企业的雄厚实力和高质量的保证，如图2-86和图2-87所示。

图 2-86

图 2-87

4. 商品对比展示

商家可以通过与其他同类商品的拍照对比，来体现自家商品的品质或独特功能，从而突出自家商品的质量优势，如图2-88所示。

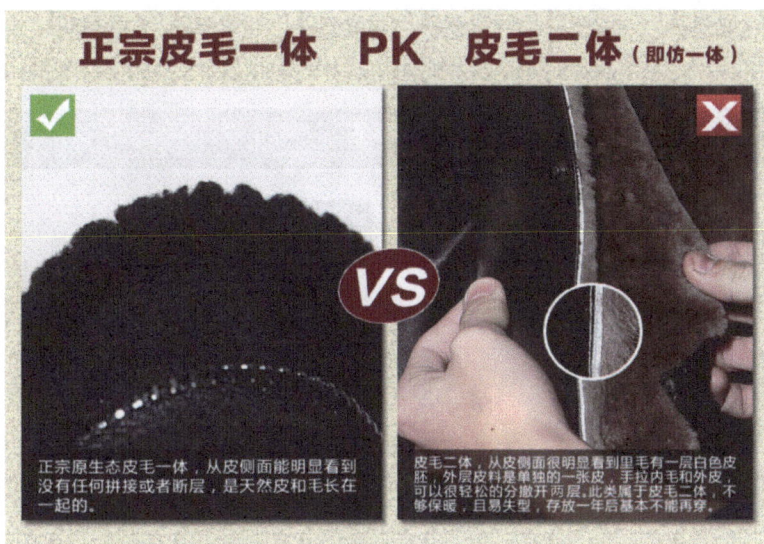

图 2-88

5. 场景实用展示

商家可以将商品使用效果或商品在真实使用环境中的效果拍摄出来，让消费者更为深入地了解该商品的实用性。商品的使用场景图很生活化，能将消费者和商家的距离拉近，情境带入感强，如图2-89所示。

图 2-89

6. 包装效果

商家可以通过展示商品的吊牌标检和运输时的外包装，来体现商品档次和运输的安全性。一般而言，展示的信息越多越好，展示形式越丰富越好，如图2-90和图2-91所示。

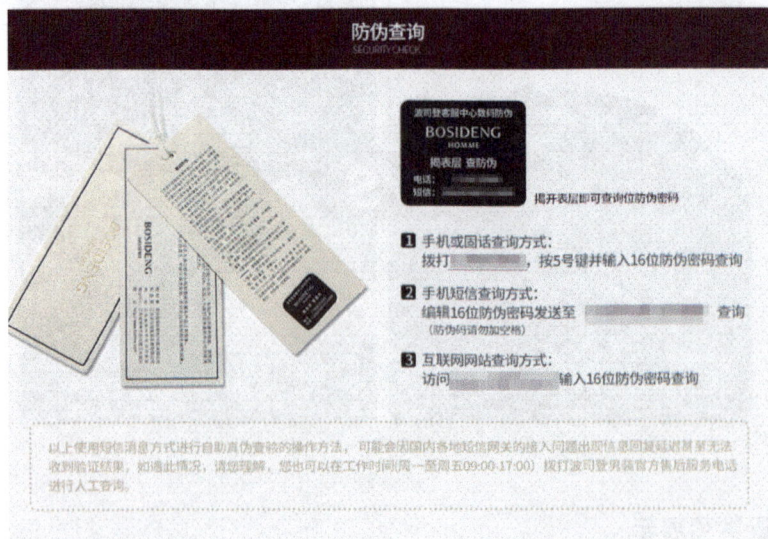

图 2-90

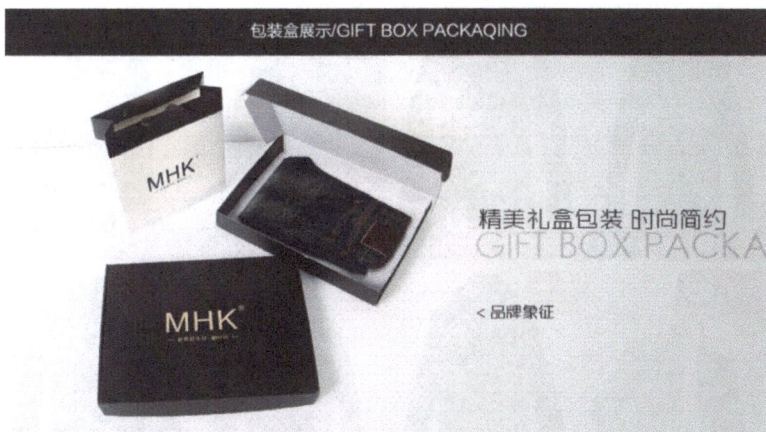

图 2-91

以上6点在商品详情描述页中会经常用到，但因为商品不同，其性质特点也会不同，因此需要根据商品的实际情况进行分析、策划。

2.4.3　无处不在的爆款植入和优惠活动推荐

商家应该在消费者能浏览到的区域设置爆款推荐和优惠活动推荐，从而激发消费者的消费欲望，提升商品销量。因此，有些商家在详情页的开篇并没有直接介绍商品内容，而是把店铺其他同类产品推荐图和优惠活动图放出来，如图2-92和图2-93所示。

图 2-92

图 2-93

　　详情页的内容在满足主要功能之后，主要就是解决图片、文字的排版问题。关于文字排版方面的学习，除了掌握本书介绍的部分内容之外，主要途径就是多看优秀店铺的图文编排形式，不断积累制作经验。下面以服装类的商品为例具体讲解。如图2-94所示，这张图是详情页中"打头阵"的图，是展示商品整体的大图。在消费者对商品有了整体认知后，再详细介绍材料的构成成分，如图2-95所示。

图 2-94

在商家介绍完材料之后，就可以介绍商品的制造工艺。如果该商品制作过程中科技含量较高或商品使用效果比较好，就可以着重介绍这方面的内容，如图2-96所示。

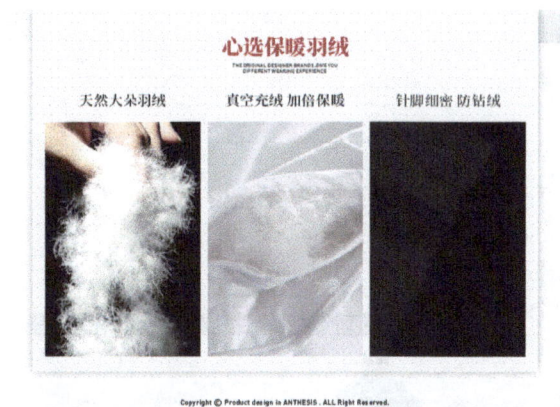

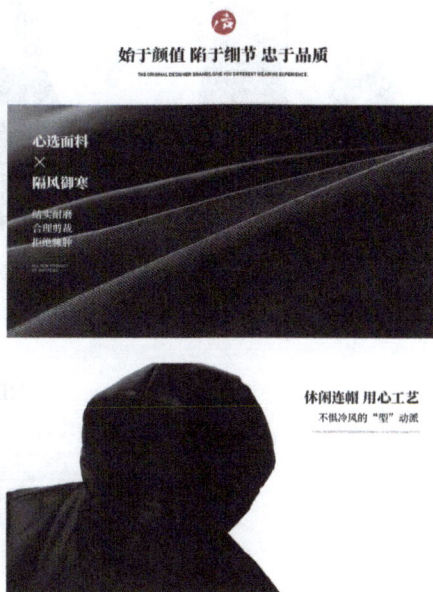

图 2-95

图 2-96

接下来可以进行服装搭配展示，将不同颜色的服装展示出来，可以展示店铺的爆款、饰品搭配、不同品类商品间的搭配等，如图2-97所示。

在消费者选定了商品之后，接下来需要了解的参数就是尺寸，所以商家需要将使用者的尺寸与产品的参数匹配列表整理好，如图2-98所示。商品的参数是标准配置，要想展示得更详细，还需要提供更加直观的图表。图2-99和图2-100中展示了商品更加直观的使用尺寸、热成像等图表。

— 推荐搭配 —

搭配 1

THE ORIGINAL DESIGNER
BRAND,GIVE YOU
DIFFERENT WEARING
EXPERIENCE.
35.36%
选此搭配

点击购买

搭配 2

THE ORIGINAL DESIGNER
BRAND,GIVE YOU
DIFFERENT WEARING
EXPERIENCE.
18.22%
选此搭配

点击购买

搭配 3

THE ORIGINAL DESIGNER
BRAND,GIVE YOU
DIFFERENT WEARING
EXPERIENCE.
11.88%
选此搭配

点击购买

搭配 4

THE ORIGINAL DESIGNER
BRAND,GIVE YOU
DIFFERENT WEARING
EXPERIENCE.
10.22%
选此搭配

点击购买

图 2-97

产品参数

填充 LINING	厚度 THICKNESS	弹性 ELASTIC	版型 STYLEN	衣长 LENGTH
90%白鸭绒	适中	无弹	合体	长款

尺码	胸围	衣长	肩宽	袖长	袖口宽	下摆宽
小(S/165)	110	94	45.2	63	26	120
中(M/170)	114	96.5	46.4	64	27	124
大(L/175)	118	99	47.6	65	28	128
巨(XL/180)	122	101.5	48.8	66	29	132
顶(XXL/185)	126	104	50	67	30	136

手工测量存在2公分左右的误差 | 单位：CM

MODEL: JASIN
身高：189CM 体重：75KG 上装：XL 下装：XL
肩宽：48CM 袖长：66CM 胸围：102CM
腰围：90CM 身长：105CM

S　身高 (CM) 165 — 175
　　　体重 (KG) 50 — 60

M　身高 (CM) 170 — 190
　　　体重 (KG) 62.5 — 70

L　身高 (CM) 170 — 190
　　　体重 (KG) 72.5 — 80

XL　身高 (CM) 170 — 190
　　　体重 (KG) 82.5 — 87.5

XXL　身高 (CM) 170 — 190
　　　体重 (KG) 90 — 95

自助下单 建议参照尺码推荐表

图 2-98

/ REPORT 试穿报告 /

温馨提示： 体型身材因人而异，以下试穿仅供参考，请大家以自身的实际情况选购合适的尺码

模特A	模特B	模特C	模特D	模特E
身高：165cm	**身高**：176cm	**身高**：175cm	**身高**：183cm	**身高**：189cm
体重：53kg	**体重**：65kg	**体重**：68kg	**体重**：80kg	**体重**：84kg
试穿尺码:S	**试穿尺码:M**	**试穿尺码:L**	**试穿尺码:XL**	**试穿尺码:XXL**
[修身]	[合身]	[合身]	[合身]	[宽松]

图 2-99

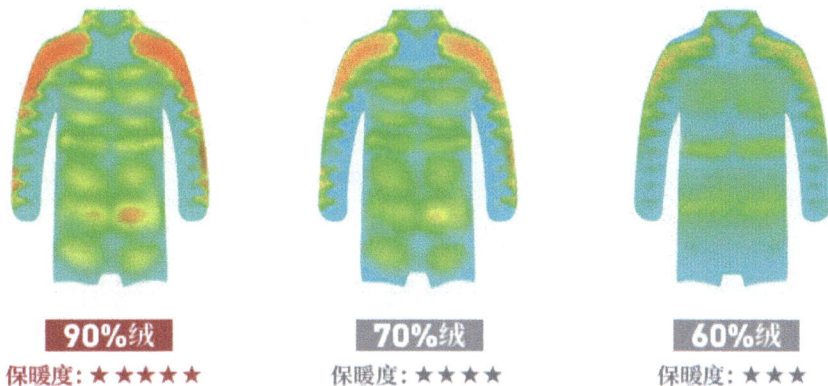

图 2-100

　　浏览过以上图片之后，消费者对商品的整体和细节都有了了解，其他的图片展示都是起到锦上添花的效果，如图2-101所示的不同角度展示、图2-102所示的洗涤图等标配的图片。

图 2-101

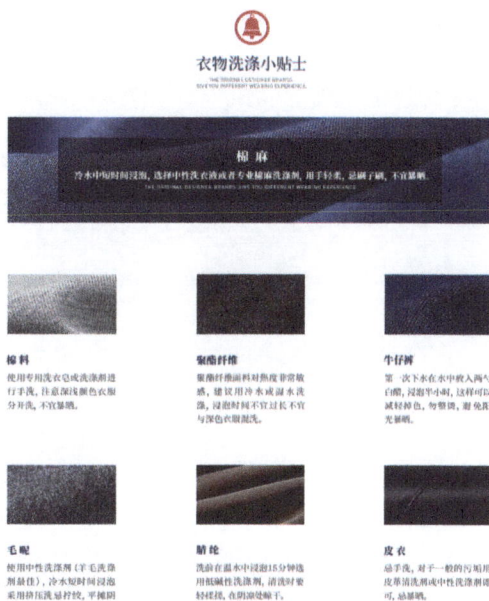

图 2-102

课堂作业

依据详情页设计原则，从各大电商平台上临摹两个完整的详情页以及10个优秀图文排版。

要求：详情页设计的12项考核条目完整，找出 1~2项本书中没有列出的新形式和新项目，并在作业中体现出来。

第3章

品牌形象设计

网店的品牌形象主要通过视觉设计来体现的，并且，不管网店销售的是自己生产的商品，还是其他品牌的商品，商品品牌都是要被宣传的，因此视觉设计者必须具备将商品品牌进行视觉化呈现的能力。

3.1 店铺品牌的视觉化呈现

学习目标

① 了解店铺品牌视觉化呈现的内容
② 了解店铺品牌形象设计展示的内容
③ 了解店铺经营理念及商品文化展示的内容

店铺品牌的视觉化呈现分为以下几个内容：店铺的品牌形象设计展示、电商平台框架下的店铺等级评定、店铺经营理念及商品文化展示等。

3.1.1 店铺的品牌形象设计展示

店铺的品牌形象设计展示区域包括店铺标志（Logo）、模板图形设计和配色设计。关于各个模块的设计原则前面章节已经介绍过，下面通过案例的对比分析来探讨品牌形象设计的重要性。

1．店铺标志

店铺标志是店铺品牌的"脸面"，它可以很普通，也可以很有气质。优秀的店铺标志应该成为彰显品牌理念和价值观的载体。审视一下你所运营的品牌在标志设计上是否呈现了品牌理念、个性，并因此拥有了独特的气质。比如卖家经营的是销售传统茶叶的店铺，店铺标志一定是要能够体现茶文化和中式风格的设计，如果使用了嘻哈风格的英文店铺标志就是败笔。即使使用了中式风格的店标设计，外观和内涵也一定要能体现茶文化的源流和传统茶文化的韵味。优秀的店铺标志能够完美融合在整体品牌形象设计中。在整体的模板框架中，既不是特别显眼又不暗淡，能够与整体的框架相融合，如图3-1所示。

图 3-1

2．模板图形设计

消费者对品牌的印象是需要依靠图片来植入的，因此网站或者店铺的首页一定要把能够反映品牌形象的图片放在店铺的首页，除了爆款和营销活动之外，Banner轮播图上必须要能体现品牌文化。品牌的定位图就在轮播图中展示，让消费者能够在看第一眼后就了解品牌的定位，如图3-2所示。如图3-3所示，速写品牌的艺术性在店铺的首页得到了强调。

图 3-2

图 3-3

　　"三只松鼠"品牌是年轻人耳熟能详的零食品牌，三只松鼠也是其标志性的形象，将形象不停地重复有助于加深消费者对品牌的印象。拥有品牌吉祥物的品牌，尽量将吉祥物融入品牌的各项宣传项目中，在店铺的首页Banner、宣传海报轮播图等栏目中进行展示，如图3-4所示。

图 3-4

　　辅助图形的应用是灵活多样的，在传播中辅助图形可以起到丰富的视觉呈现、加强展示效果、激发品牌联想、强化品牌形象等作用。在图3-5的背景图中使用了随意形状的背景广告，很艺术化地处理了广告图。

图 3-5

在排版上也要体现出设计感，通过对字体大小、均衡性的调整突出品牌的视觉设计，如图3-6所示。

图 3-6

3．配色设计

店铺主体色调的选择主要是为了与其他品牌进行差异化识别，但是，这种色调的选用绝不仅仅是为了差异化而差异化。颜色差异的背后是不同的品牌理念。只有将品牌的色调和品牌文化相结合，色调才可能成为品牌出彩的视觉要素。

色彩有温度、有情感，所以店铺想要给人的第一感觉是什么，需要怎样的色彩来体现，这些都需要认真思考。如果店铺是销售少女产品的，那么店铺整体框架给人的感觉就不能是沉稳内敛的重色，而应当是粉嫩轻柔的色彩，如图3-7所示。

如果店铺经营的是科技产品，就需要体现锐利、创新的科技感，蓝色和绿色这样的冷色就能表现出这种科技感，如图3-8和图3-9所示。

图 3-7

图 3-8

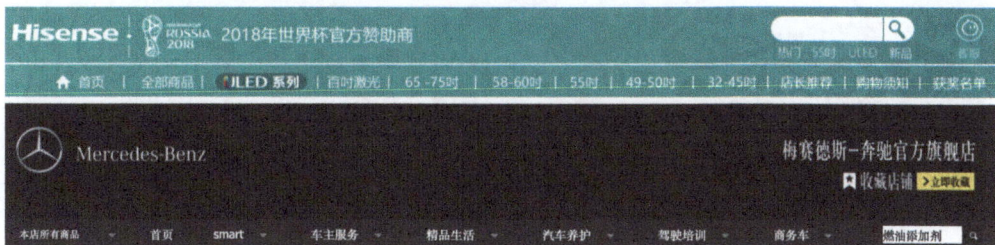

图 3-9

3.1.2 电商平台框架下的店铺等级评定

　　店铺的品牌塑造还有一个关键指标就是店铺的等级评定，通俗来说就是"口碑"。对于视觉设计来说，赏心悦目的视觉效果能够产生愉悦的购物心情，对商品图片进行合理的编排处理可以突出商品的重要信息，优化商品的图像展示可以提升商品的品质感，从而提高转化率和反复购买率。给消费者留下美好印象的店铺，其口碑肯定好。如图3-10～图3-12所示，店铺以纯天然的色彩作为软装背景，所以品牌营造出来的感觉就是"天然"。

图 3-10

图 3-11

图 3-12

▶▶ 3.1.3 店铺经营理念及商品文化展示

　　店铺经营理念及商品文化展示主要靠品牌图像来表达。店铺经营理念大多是写意的，是偏抽象的表达；而品牌图像则是写实的，是对品牌所处的客观世界真实再现的视觉描述。以主流的服装品牌为例，商家需要呈现品牌的使用者是什么样的人，让消费者一眼就能分辨出该品牌的商品与自己的需求是否匹配，如图3-13～图3-16所示。

图 3-13

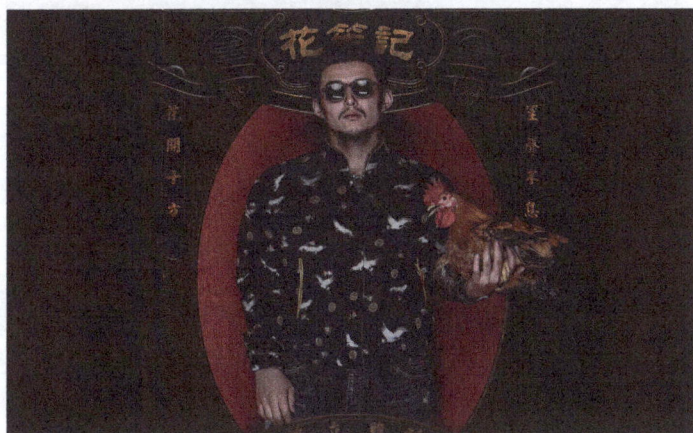

图 3-14

图 3-15

图 3-16

仍然以服装类的品牌为例。牛仔复古服装文化里有种风格叫作"阿美咔叽"文化，是一种从日本模仿美国牛仔文化中衍生出来的文化风格。该风格由银饰、牛仔、皮具、机车、军品等元素构成，如图3-17所示。

图 3-17

由于这种文化受时尚圈的追捧，其受众消费能力强，因此很多商家都想借助"阿美咔叽"文化进行营销。营销的第一步要做的就是将店铺打造出"阿美咔叽"文化风格。"阿美咔叽"风格最突出的特点就是以复古感觉的牛仔服装为主体穿着，使用手工银饰和手工皮具作为配饰，从而配出美式复古的气质。因此，商家要搭配销售"阿美咔叽"风格的商品，如银饰、手工皮具、复古旧物等。

　　此外，商家还要推荐爆款和经典商品，用这些元素来营造经典的"阿美咔叽"风格氛围，为商品寻求文化上的源头和宣传上的噱头。所有爆款商品的发展演变历程、涉及的著名人物和事件、工艺的改进等都需要卖家整理出文字和图片资料，甚至店铺的发展历程和秉承的理念都要在商品详情页内展现，如图3-18所示，以便显示出商家对此种文化有深入的研究，从而让消费者信服该商家推荐的优质商品。

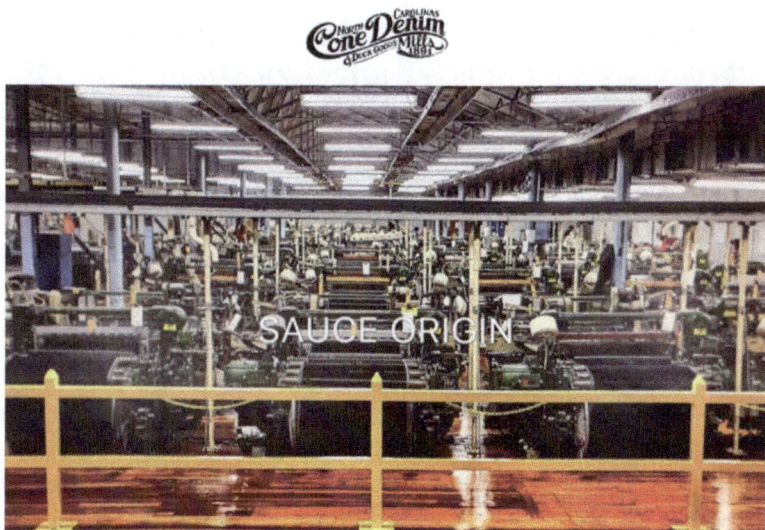

图 3-18

　　商家将上述这些方面的思考以图像的方式呈现出来，向消费者传达的信息和激发的联想就更加直观。

　　店铺品牌理念的设定通常来源于人的心理情感和社会文化，而情感和文化都会有一定的视觉联想。例如，我们说一个人具有"工匠精神"，我们的脑海中就会浮现出一幅匠人在专注工作的画面。同理，商家可以将某种品牌理念与某些视觉元素相联系，来强化消费者对品牌的认知。

课堂作业

　　从服装、饰品、运动分类中任选一个品牌，进行品牌文化发掘。

　　要求：

　　（1）整理品牌文化的发展脉络，并制作PPT。

　　（2）至少包含4项典型商品、2个经典人物的梳理。

　　（3）最好选取具有中式风格特点的品牌。

3.2 商品品牌的视觉化传播

① 了解依据固有概念进行品牌视觉化传播的内容

② 了解营造生活方式情境进行品牌视觉化传播的内容

③ 了解营造鲜明个性情境进行品牌视觉化传播的内容

▶▶ 3.2.1 依据固有概念进行品牌视觉化传播

品质是指商品的质量和特点。对于来自不同产地的商品，消费者基于对地域文化的了解，对商品的品质形成了很多固有概念。比如，提到汽车品质，我们就会联想到德国，因为目前德国已经凭借强大的工业实力制造出品质值得信赖的商品，德国工艺是一种品牌资源。图3-19中体现出了商品的德国工艺。

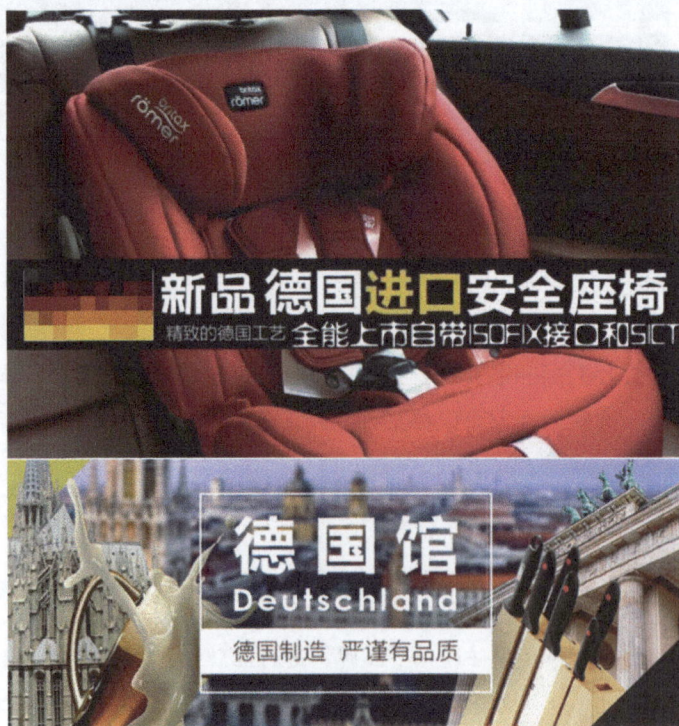

图 3-19

同样地，在工艺美术品中，尤其是文玩类商品中，"苏工"是种品质的象征，"苏工"代表着苏州工匠们匠心独运的手工技艺，如图3-20和图3-21所示。

無精致 不蘇工

图 3-20

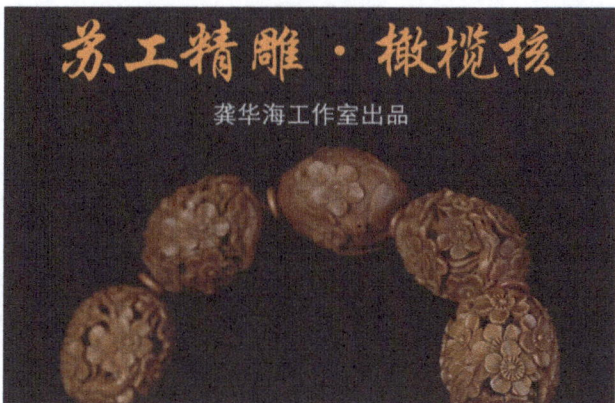

苏工精雕·橄榄核
龚华海工作室出品

图 3-21

　　提到红酒，我们可能会联想到意大利，图3-22显示的是电商平台意大利馆以红酒为主角的宣传页面。提到香水，我们就会联想到法国，图3-23显示的就是电商平台上法国馆以香水为主角的宣传页面。这些都源于商品产地的传播印象。商家要充分利用这种固有印象带来的传播便利，在介绍商品时应介绍有固有印象的产地和名称，减少多层信息传递过程中对消费者耐心的消耗，力求短时间内引起消费者的共鸣。

图 3-22

图 3-23

3.2.2 营造生活方式情境进行品牌视觉化传播

比固有概念更能激发消费者购买欲望的情境是"生活方式"情境的营造。消费者都有自己所向往的生活方式，无论哪种生活方式都是一种个性化的体验。所谓生活方式营销就是以消费者追求的生活方式为诉求，将商品演化成一种生活方式的象征，变成一类人群的标签，让消费者产生联想，好像购买了商品就得到了他们向往的生活方式一样。"摩登主妇"是餐具零售品牌，其努力营造一种主妇向往的情调生活，把所有的商品都描述成精致生活的一部分，如图3-24所示。同样，图3-25所展示的就是"天木兰"品牌的户外生活场景，让消费者想象自己是图中的冒险者、旅行者。

现今的中式服装品牌在模特场景图中出现时不再像以往那样简单地出现在纯色背景中，而是如图3-26那样，在一个典雅的茶室和有情境代入感的中式书房中出现，让服装和谐融入环境中。这种中式的生活情境对喜欢中式生活的消费者具有很大的吸引力，顺便将一种引导性的观念传递出来，那就是：如果你购买了本品牌的服装，你就能拥有这种生活。同理还体现在图3-27和图3-28中。

图 3-24

图 3-25

图 3-26

图 3-27

图 3-28

》》3.2.3 营造鲜明个性情境进行品牌视觉化传播

　　营造鲜明的个性是目前品牌视觉化传播中常见的手法，也是年轻人热衷的一种表达方式。这类商品的消费群体定位也主要针对年轻人。在图3-29中所展示的这个服装品牌偏重设计感，不是常规的广告宣传套路，其展现的是店主独特的视角。同样以设计感出彩的如图3-30所示，一个以色彩见长的服装设计品牌，其色彩的搭配独特而纯烈，具有自己鲜明的个性。

　　当今，电商平台也融入了很多当下流行的多媒体形式，如"网红"直播、微电影宣传视频等，如图3-31所示。随着网络传媒技术的不断进步和发展，今后还会有更多新的形式出现并嫁接到电商视觉营销手段中。

图 3-29

图 3-30

图 3-31

课堂作业

在自己建立的网络店铺中，添加商品品牌的宣传内容。

要求：

（1）设计营造一个商品的生活情境，将构思展示出来。

（2）运用至少一种多媒体形式对商品进行宣传。

第2篇
商品拍摄与图片处理

第4章

商品拍摄

商品在网上的展示主要依靠图片来完成，而拍摄好商品照片是进行图片后期处理的基础，因此，商品拍摄能力是视觉营销设计者的必备能力之一。商品拍摄者在系统学习了相机的使用要点，以及拍摄的背景布置、灯光布置、拍摄构图等相应拍摄知识之后，才能有效地完成商品拍摄工作。

4.1 数码相机拍摄基础

学习目标

❶ 了解数码单反相机的主要构成部件
❷ 了解数码单反相机的主要分类
❸ 掌握数码单反相机高级参数的设置技巧

4.1.1 数码单反相机的主要构成部件

数码单反相机的主要构成部件包括快门、光圈、取景器、镜头等。下面具体介绍。

1. 快门

快门是用来控制数码单反相机曝光时间长短的部件，如图4-1所示。它一般与光圈配合使用，控制进入相机内部到达感光元件的光量。数码单反相机大多采用的是幕帘式的快门，由前后两帘组成。通过设置快门的速度，我们可以控制曝光时间的长短，快门一般的速度都在1/8000s至30s之间。

2. 光圈

光圈是相机镜头中比较重要的装置之一，由多片很薄的金属叶片组成，如图4-2所示。光圈的主要作用是改变光学镜头的有效孔径，控制光线通过镜头的数量，从而使感光元件得到准确曝光。

图 4-1

图 4-2

3. 取景器

取景器是用来观察拍摄景物的装置，如图4-3所示。在拍摄时，可以通过取景器观察到要拍摄的景物，从而选择所要拍摄的景物范围并进行构图。取景器的视角与相机镜头的视角是一致的。

图 4-3

4. 镜头

镜头是数码单反相机的重要组成部分，其内部由许多组透镜构成，通常分为两种：定焦镜头和变焦镜头。

定焦镜头的焦距长度是固定的，其光学结构比较简单，如图4-4所示。定焦镜头的优点在于对焦速度快，成像质量稳定，对孔径比较大，体积小、重量轻、方便抓拍；其缺点也比较明显，即无法拉近或者推远取景，构图具有一定的局限。

图 4-4

变焦镜头具有光学变焦能力，能够在一定范围内进行调节，如图4-5所示。变焦镜头的优点是能给构图上带来方便，不必频繁地更换镜头；其缺点是重量大、身筒长，导致手持稳定性差，容易造成画面模糊。另外，变焦镜头的结构复杂、镜片多，导致杂光严重，需要借助遮光罩来阻隔杂光。

图 4-5

4.1.2　数码单反相机的主要分类

数码单反相机按照适用的范围可以分为入门级、进阶级、准专业级、专业级 4 种类型。相机使用的人群不同，定位特点也各不相同。

1.　入门级

对于刚接触数码相机的人来说，入门级的相机是最合适的选择，而且市场上入门级的相机型号最为丰富，几乎各大品牌都拥有自己的入门级相机。入门级相机的工业设计都做得比较好，外观更时尚，摄影中需要的各项功能都具备，图4-6所示为入门级相机。目前随着技术的不断发展，入门级相机的像素也丝毫不逊色于专业级的相机。拍摄一般的电商图片使用入门级相机就足够了。

2.　进阶级

进阶级的相机属于数码单反中的中端级别。相比于入门级的相机，中端级别的相机通常已经有了肩屏。在相机取景器的右侧有一块液晶屏，在这里可以方便快捷地看到当前的使用状况和一些参数设置。进阶级的相机机身通常也比入门级的更大、更重。重量的增加虽然是负担，但是更大的体积通常会有更好的握持感。图4-7所示为进阶级相机。

图 4-6

图 4-7

进阶级的相机在连拍速度方面会比入门级的相机更高，这更便于抓拍。拍摄高速运动中的物体只拍摄一张往往是不够的，通常需要连续拍摄多张从中挑选出一张满意的。相比入门级相机较为简单的对焦系统，进阶级的相机对焦点的数量和对焦速度也更多、更快，使用起来更顺手。

3.　准专业级相机

准专业级数码相机相较于入门级相机来说，在性能上无疑是有很大的提升，包括连拍速度、测光模式、快门的最高速度、对焦精度、电池续航能力等都能够适应更高的拍摄要求。

准专业级的相机与入门级相机最大的不同在于"全画幅感光元件"的使用。"全幅"和"半幅"指的是相机的感光元件的大小：全幅是大的，半幅是小的。感光元件相当于传统相机的胶片。我们说的全幅就是指数码单反相机的感光元件大小和传统135相机的胶片大小一样，半幅大约是全幅44%的面积。面积的大小差别直接影响到成像的质量，全幅相机有更好的细节、高感光度画质、更丰富的色彩、更好的景深效果，并且一个画面内表现出最亮和最暗部分的反差更大。

4. 专业级相机

专业级的数码单反相机的所有功能属性都比较强，有更坚固耐用的外观，画质和反应速度都很快，系统功能也高度集中化，能够应对各种复杂的拍摄环境。

专业级相机没有配置针对新手的快捷模式，往往只包含M、A、S、P等几个模式，其余的功能都需要拍摄者手动拍摄，有的拍摄效果甚至需要配合图像后期处理才能实现。专业级相机虽然快捷模式少，但是手动功能更丰富、性能更强大，能够为拍摄者提供更大的发挥空间。

从性价比的角度来说，非频繁出外景的专业摄影团队和摄影师，没有必要购买专业级的相机。

▶▶ 4.1.3 数码单反相机高级参数的设置

1. 光圈的设置

光圈的大小通常是用f值来表示，光圈f值=镜头焦距/镜头口径，常见的光圈值为：f1、f1.4、f2、f2.8、f4、f5.6、f8、f11、f16、f22、f32、f44、f64。光圈值越小，表明在同一范围内进入相机的光线越多；上一级光圈的进光量正好是下一级的一倍，也就是说f1是f1.4进光亮的一倍。实际拍摄过程中，在快门速度不变的情况下，合适的光圈带来的是正常的曝光。光圈太大（f值越小），带来的曝光会过度，光圈太小（f值越大），带来的曝光会不足。光圈值与曝光程度的关系如图4-8所示。

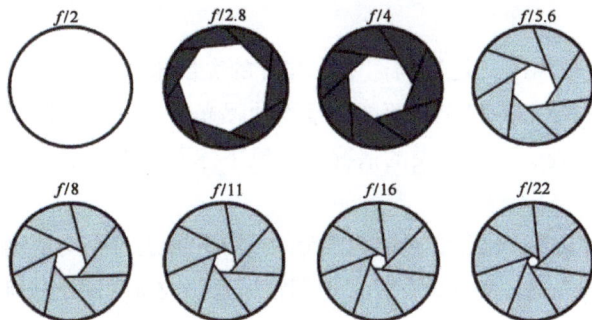

图 4-8

2. 快门的设置

快门的功能有两个：一个是控制感光元件曝光时间的长短，曝光时间长，感光量就多，反之就少；另一个是对画面的效果产生影响，表现影像静态或者动态的效果。高速度的快门可以瞬间捕捉到拍摄景物的动态，能够避免手抖带来的模糊画面；而低速的快门如果拍摄运动的物体，会产生很多虚实相间的效果，并且很容易受到手抖带来的影响。

3. 测光模式

数码单反相机通常提供3种测光模式：点测光、中央重点平均测光、评价测光，运用不同的测光模式能够获得不同的曝光效果。常用的标识如图4-9所示。

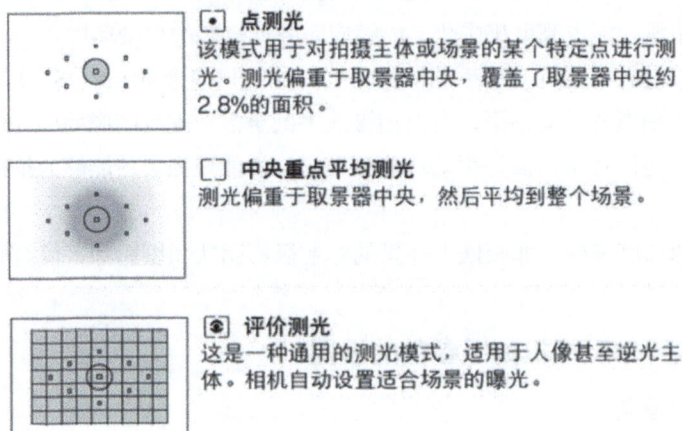

点测光
该模式用于对拍摄主体或场景的某个特定点进行测光。测光偏重于取景器中央，覆盖了取景器中央约2.8%的面积。

中央重点平均测光
测光偏重于取景器中央，然后平均到整个场景。

评价测光
这是一种通用的测光模式，适用于人像甚至逆光主体。相机自动设置适合场景的曝光。

图 4-9

（1）点测光是对画面中央很小的区域进行测光，大概是取景器画面中央3°～10°画角的范围，大概占据画面的2%～10%。这种模式仅以测量范围的亮度来决定曝光值，不受所拍画面的其他光线的影响，能够很精确地读取该区域最适合的曝光数据。

但是这种模式点测光的准确性会受到拍摄者拍摄经验的影响。因为点测光仅仅根据一小块区域的亮度来决定曝光值，所以通常用于主体面积较小或者主体与背景之间有较大亮度反差的情况。

（2）中央重点平均测光是以画面中央部分的亮度来决定曝光值的。这种模式只能保证中央区域的景物被正确曝光，而周围景物的曝光情况就不一定了。这种测光模式只适合被拍摄景物主体处于画面中央的情况，如果主体不在中央部位，就有可能引起测光误差。

（3）评价测光模式是对取景器中所显示的所有光线进行平均值测光，有时又被称为矩阵测光。这种测光模式较为中庸，一般应用在风景照或者空间比较开阔的情况下，但是当画面中投射在主体上的光线与环境光线差别很大的时候会有误差。

4．对焦模式

对焦是指通过数码单反相机的电子机械装置，根据被摄对象的远近，调节镜头内的透镜与感光元件的距离，使被摄对象通过镜头在感光元件上清晰成像。数码单反相机有两种对焦模式：自动对焦和手动对焦。

（1）自动对焦

拨动镜头上的按钮至"AF"（Automatic Focus，自动对焦）状态，就开启了镜头的自动对焦，液晶显示屏上会显示"ONE SHOT""AI FOCUS""AI SERVO"，它们的含义分别是：单次自动对焦、人工智能自动对焦、人工智能伺服自动对焦，如图4-10所示。其中单次对焦适用于拍摄静止的景物，人工智能对焦适用于拍摄原本静止但突然移动的景物，人工智能伺服自动对焦适用于不断移动的景物。自动对焦在光线比较弱或者干扰景物较多的情况下会无法正常工作，这是自动对焦模式的缺点。

图 4-10

（2）手动对焦

将镜头上的按钮拨动至"MF"（Manual Focus）就开启了手动对焦模式。这种模式适用于一切自动模式无法正常工作的情况，比如拍摄主体的光线反差过低、主体处在逆光环境下或者本身就属于发光体、光线不足等情况。

课堂作业

进入视觉营销实训室，任课教师对当下发布的入门级数码相机硬件设备进行讲解。学生在教师的指导下进行数码相机基本操作，将理论知识转化成实践认知。

4.2 拍摄背景布置

1. 了解商业摄影和艺术摄影之间的区别
2. 了解内景和外景拍摄的注意事项
3. 掌握各类常规商品的背景布置技巧

4.2.1 商品拍摄背景布置

电商商品图片拍摄与日常艺术摄影有所区别。艺术摄影主要表现光影效果，表现照片的画面感和艺术感染力，摄影作品展现了摄影师自身的个性，如图4-11所示。而电商图片的拍摄要求突出商品的特点，其首要目的在于让消费者能够清楚地对商品的外观和功能进行认知，至于图片的艺术性，则应是在满足了首要目的之后的锦上添花，如图4-12所示。

图 4-11

图 4-12

电商商品图片的拍摄更多是在室内摆拍，绝大部分场景都是在室内营造的。这就要求对拍摄的背景布置有相关的知识，才能配合商品展现特性和功能。目前电商平台商品拍摄背景的选择总体变得更加清新、简单。

常见的背景布置分为 3 类：白色背景、外景风景、生活方式场景。

1. 白色背景的商品拍摄

白色背景是最主要的拍摄背景，不仅因为白色可以突显任何商品的主体地位，还因为商品拍摄只是电商视觉设计工作的初步工作，所有的拍摄图片都需要经过后期处理，而白色背景的商品图片最容易进行后期抠图处理。无论哪种品类的商品都需要白色背景作为初步拍摄背景。因此，白色的背景或者纯净的浅色背景就成为电商商品图片拍摄的主要背景，如图4-13、图4-14和图4-15所示。

图 4-13

图 4-14

图 4-15

2. 外景风景的商品拍摄

主要有两种用途需要选择外景风景作为拍摄背景：品牌宣传展示、商品使用场景展示。前者一般选取适合品牌定位宣传的风景作为背景，强调自然风光给消费者带来的视觉刺激；后者是真实反映产品的使用场景，要根据参照物来反映占用场地大小、使用条件等因素。图4-16属于前者，外景的拍摄是为了给品牌定位服务的，所以拍摄的重点就放在了环境上，并且拍摄也更加艺术化；图4-17属于后者，强调商品使用的场景，以及消费者与商品之间的关系，所以拍摄就相对"接地气"一些。图4-18可能与图4-16在同一场地拍摄，也强调拍摄的艺术化，但是其功能上更强调使用场景，所以也属于后者。

图 4-16

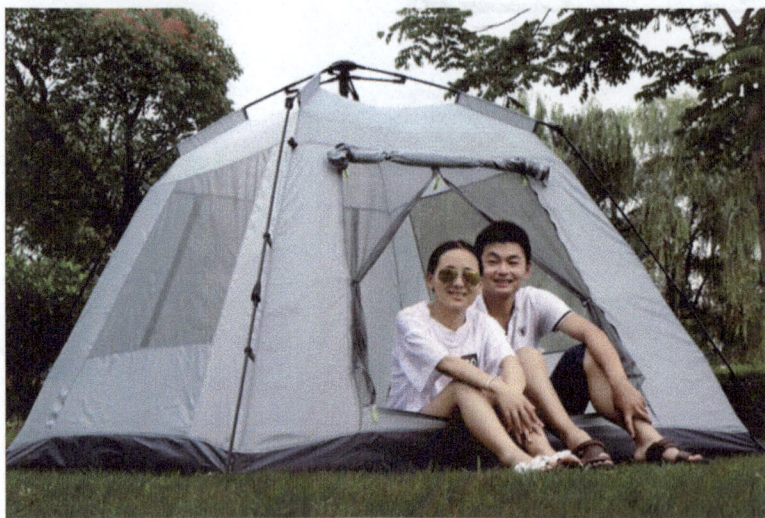

图 4-17

3．生活方式场景的商品拍摄

生活方式场景需要根据商品的文化背景进行规划，既能反映商品使用的特定文化圈子，又能展现商品独特的文化魅力。布置这类背景要能深刻理解商品文化的精髓，真实完整地还原商品的使用氛围，让消费者能够在生活方式上对商品甚至店铺产生认同感。生活方式场景的布置要使消费者身临其境，这样可以提高照片的品位，也可以使商品显得更有生气、更富有情趣，如图4-19所示。

图 4-18

图 4-19

4.2.2 常规类别商品背景的拍摄与布置

1. 首饰类商品的拍摄背景

首饰类商品普遍的特点在于它的高反光度，故背景一般用黑色来提高轮廓的辨识度，同时也方便后期抠图。黑色的背景本身具有较高的吸收光亮的特性，用于高反光的商品拍摄时，具有较好的衬托效果，如图4-20和图4-21所示。

图 4-20

图 4-21

　　拍摄首饰类商品还可以选用白色或浅色背景，配合以黑色的反光板来增加物品的边缘立体感，尤其对部分宝石色彩有提升作用。图4-22虽然是浅色的珍珠，但是由于反光板配合得好，白色背景更能凸显边缘的立体感。图4-23中，彩色的珠宝在白色的背景下与黑色的背景下拍摄各有千秋，白色背景更能渲染珠宝的色彩。

图 4-22

图 4-23

　　拍摄首饰类商品还可以适当使用与拍摄商品有共同色彩倾向或互补色倾向的彩色背景，这类背景属于高级灰背景，虽然带有一定的色彩倾向，但是纯度相对较低。用这种灰色作为背景色进行拍摄能够获得统一的画面色调。因此，无论是图4-24的蓝色系色调，还是图4-25的粉色系色调，都能达到和谐的效果。在后期处理图片时，商品和背景可以作为一个整体进行调整。

图4 -24

图 4-25

另外，饰品类商品最终的使用者还是人，所以以模特作为拍摄背景的微距拍摄效果也是很好的，如图4-26所示。

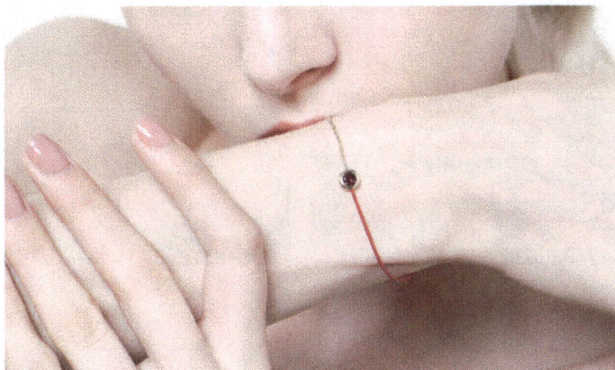

图 4-26

2. 化妆品类商品的拍摄背景

在拍摄化妆类商品主图时，背景以白色或黑色为主。花色背景或者拍摄在主体后面有其他物品时，容易产生干扰拍摄的问题，而且难以抠图。拍摄时背景通常使用白色亚克力板，以增加柔和的反光，这样能够阻止其他物体对摄影商品的干扰，如图4-27所示。当然黑色背景也有同样的效果，如图4-28所示。

图 4-27

图 4-28

化妆品类的商品推广需要强调原料的纯天然，所以除了纯色背景之外，还要拍摄一些带布景的图片，并配置一些纯天然植物原料作为背景，如图4-29所示。还可以像图4-30那样，加入模特作为背景等。这类商品的色彩和包装也可以通过一些特殊的艺术手法展现。图4-31就使用了不同色光的反射进行艺术化的光线处理，形成了色彩斑斓的效果。

图 4-29

图 4-30

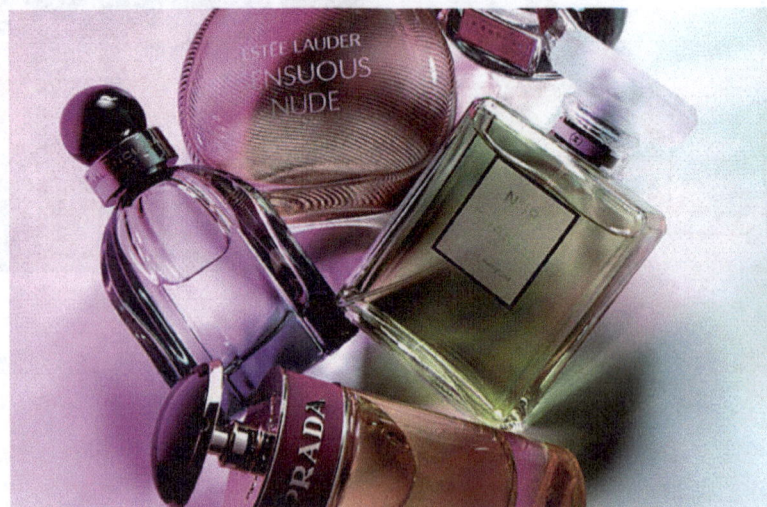

图 4-31

3. 食品类商品的拍摄背景

食品类主图拍摄主要是为了表现食物的美味，从而激发消费者的食欲。要将食品的色香味都表现出来，不仅应在食物的最佳状态下进行拍摄，还需要进行合理的构图和布光，只有这样才能够拍摄出理想的美食照片。

对于有油光的食物，拍摄前要浇上食用油，让食品能够更好地反光。拍摄麻辣类的食物需要用红色的反光板，这样能够将辣椒的色彩激活，从而激发消费者的食欲，如图4-32所示。

图 4-32

食品详情页的背景里还可以加入相应风格的餐具，以营造场景感。图4-33中，松子的图片中加入了自然材质的竹和木的元素，天然清新的气息就扑面而来了。

图 4-33

在美食商品的网络销售中,绝大部分是带有包装的食品,主图里需要拍摄的商品包装会作为背景与食品一起拍摄,如图4-34所示。

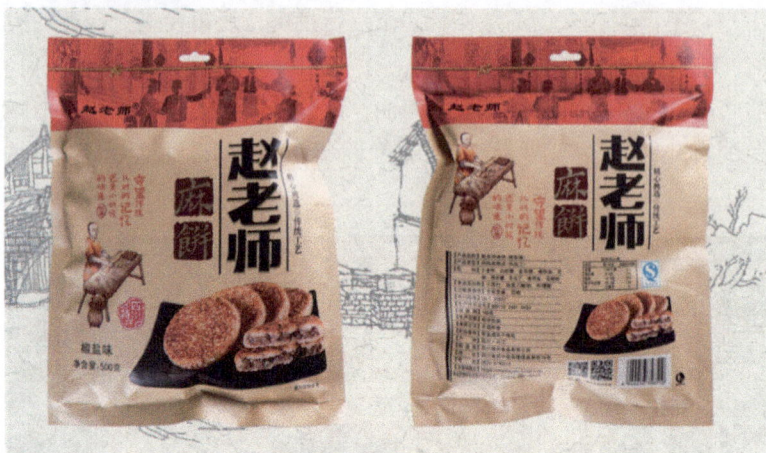

图 4-34

对于带包装的食品,制作其详情页一般不使用相机实景拍摄,而是采用计算机制作的方式。因为自然光线下拍摄的包装会有很多瑕疵和细节,这些繁杂的细节会影响商品整体的外光,所以我们要对图片进行精修处理,最终展现图4-35所示的效果。

图 4-35

4. 数码家电类商品的拍摄背景

使用白色背景能较好地控制电子产品上的反光大小,有利于表现其质感,比如图4-36在边缘上出现一道利索的高光,对表现商品质感是很有帮助的,这也是当前数码产品广告里常用的手法。制造这种反光,可以借助白纸来实现。调整白纸的位置,就可以改变反光在产品上的位置。

图 4-36

目前电商平台上的数码产品几乎都是计算机精修处理过的。拍摄这类商品时，用影棚的灯光和反光板控制好吸光材质的光感，反光面采用Photoshop软件进行渐变填充，从而体现出数码产品的科技感。如果拍摄到位，就能够最大限度地节省精修的工作量。图4-37和图4-38就是计算机精修过的图，显得商品特别光滑、整洁。

图 4-37

图 4-38

5. 服饰类商品拍摄背景

服饰类商品目前是电商销售的主要品类之一。商家对服装的拍摄一般会委托第三方进行。第三方的服装摄影工作通常对专业技术水平要求很高,这里就不做介绍了,我们只简单介绍基本的场景营造原则。营造场景首先要了解我们所拍服装的特点以及图片的商业用途。图片根据用途不同可分为形象图片和展示图片。对于服装类商品,形象图片以表现品牌文化和商品内涵为主,展示图片以表现服装为主。图片用途不同,场景的营造也不同。

(1)形象图片的场景营造

品牌文化场景设计上要兼顾横、竖构图式拍摄。横向构图大场景的拍摄在商业摄影中是必不可少的。页面首页的轮播图一般都会使用横向构图的摄影作品,所以场景设计上空间要足够广阔。丰富画面的元素,增强远近空间的层次,有利于营造大场景的空间,如图4-39所示。图4-40虽然空间的元素不多,但是通过玻璃反射的远近空间层次,仍然将宏大的场景空间展现出来。

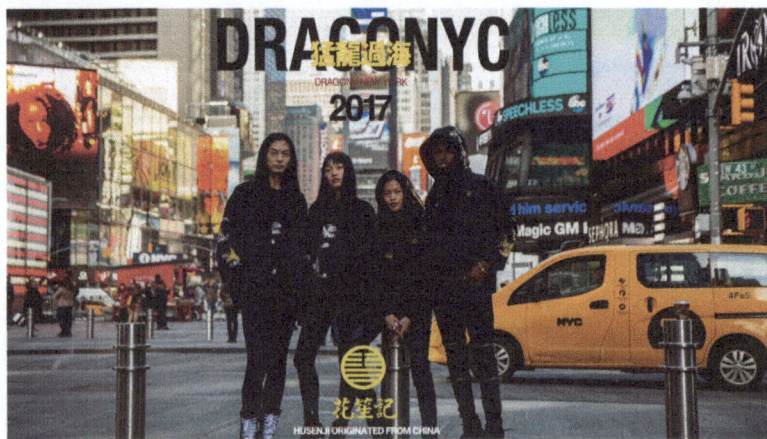

图 4-39

图 4-40

（2）展示图片的场景营造

第三方拍摄团队以展现服装为主的照片一般会通过模特拍摄，也会使用带场景的空间作为拍摄地。图4-41中选用了公共空间作为背景，图4-42选用了家居空间作为背景，这样的拍摄都起到了很好的衬托主体和营造氛围的作用。

图 4-41

图 4-42

如果商家是中小企业创业者，为了节约成本，可以像图4-43和图4-44那样，简单地使用白色或者浅色背景，结合一些有趣的道具搭配进行拍摄。

图 4-43

图 4-44

课堂作业1

　　课前分组收集不同类型的首饰、化妆品、零食、数码产品、服装等商品道具，课堂上以小组为单位针对不同类型的商品进行背景搭配讨论，并形成背景布置、道具搭配、模特展示等方案，制作PPT进行课堂汇报。

　　注意要点：

　　（1）背景内出现的道具尽量少，要求能够突出被拍摄商品的主体地位。

　　（2）运用色彩知识对场景布置进行色彩管理。

（3）场景的布置有一定的文化格调和创意。

课堂作业2

挑选3件不同的商品进行软装背景布置，提供成稿图片。

要求：

（1）至少有一件商品需要使用大空间作为背景。

（2）至少有一件商品的拍摄背景使用模特。

（3）场景的营造要能与商品和谐统一。

课堂作业3

教师安排学生进行分组，一组人数不超过5人，将自己随身携带的物品作为道具进行布景练习。

注意要点：

（1）对随身物品进行清洁，确保它们在全景灯光下没有明显的污迹。

（2）借助上光剂等辅助工具对物品的质感进行优化。

（3）借助白色背景纸或者微型影棚进行背景布置，观察并记录白色背景下道具的状态。

（4）对道具的拍摄环境进行装饰，在教师的指导下合理搭配道具。

4.3 常用拍摄构图法

学习目标

❶ 掌握实用的构图方法

❷ 具备鉴别优劣构图的能力

构图是指作品中艺术形象的结构配置方法。构图的目的是在一个平面上处理好三维空间——高、宽、深之间的关系，从而突出主题，增强艺术的感染力。通俗些说，构图就是在一个平面画面上，对构成画面元素的大小、多少和方位进行合理安排，以达到既能够突出主体，又让画面显得生动有趣的目的。拍摄的构图法原理与艺术形象的构图是一样的。

商品拍摄主要分两种情况：第一种情况是拍摄商品的场景图。场景图一般都带有软装饰的背景和配件，这种情况下的商品拍摄在遵循摄影的一般构图要求的基础上，还有更高、更细的构图要求。因为商品拍摄不同于其他的摄影题材，其场景是通过拍摄者主观意图摆设出来的，所以就要求构图更加完整、严谨，画面中各种关系的处理也要求合理。第二种情况是拍摄商品的主图。主图的拍摄背景一般都是纯色，拍摄结束后会进行抠图优化。这种情况下拍摄商品就没有必要刻板地讲究构图，只要能把商品的细节和外观展现好就可以。下面讨论的构图法主要是针对第一种情况来说的。

商品在画面中布局的过程，就是建立画面各种因素的开始。这其中包括主体的位置、配体与主体关系、光线的运用、质感的表现、影调与色调的组织与协调、画面色彩的合理使用、背景对主体的衬托、画面气氛的营造等。

▶▶ 4.3.1　实用的集中构图方法

1．黄金分割法

在商品摄影中，我们用两条纵横向的线条将画面上下左右各平分为 3 等份，"三分构图法"的思想就是拍摄时让重要的部分占画面的2/3或者更大的比例，而将不重要的部分压缩在1/3以内。无论是将画面分成3份还是6份，几条线的交接点上都可以放置商品，这些都是黄金分割法的应用和变化。黄金分割法最原始的图例讲究比例的最优搭配，可以是一个物体的局部与整体的分割，也可以是不同物体之间比例的组合，如图4-45所示。

图 4-45

如图4-46所示，图中的4条等份分割线相交成4个点，这4个点都分别是安排主体的最佳位置。视觉中心的位置再配合上显眼的颜色，强调的作用就更加明显了。

2．对角线构图

对角线构图的效果最具冲击力，动感也最强。应用这种构图法，如果安排得当，效果会非常好。像图4-47这样，整个构图中是对角线划分的，这种构图既不显得死板，也能展示更多的元素，是常见的构图方式之一。

图 4-46

图 4-47

3. 三角形构图

三角形构图即一般的品字形构图。这种构图法凝结感很强，适合表现稳重、庄重的题材。这种构图是静物拍摄最常用的一种方式。它所表现的景物画面具有稳重和庄严的感觉。三角形构图需要注意，主次的关系一般形成不等边的三角形，这样显得既稳定又不呆板，如图4-48所示。

4. 散点构图

散点构图是把物体布满整个画面，不刻意地去突出某件商品，完全是自由松散的构图结构。该构图方式通过疏密变化和色调变化去组织画面，使无序的画面置于有序之中。散点构图虽然没有突出某个商品，但所有商品却都得到了展现。这种构图方式适合表现众多元素，呈现丰富的视觉效果，如图4-49所示。

图 4-48

图 4-49

5. 对比构图

对比作为构图的一种表现形式被广泛应用，色彩对比、质感对比、大小对比、阴暗对比，比比皆是。能成功运用对比构图的作品多数不凡。只要形成对比的因素能出现在同一个画面中，就可以运用这种构图的方法进行划分画面。如图4-50所示，就是运用了颜色对比的构图方式，把颜色显眼的弹头部分作为一个区域，把金属壳部分作为另一个区域，通过对两个区域的位置和大小调整来划分构图比例。

图 4-50

6. 曲线构图

曲线构图在静物摄影中较为少见，但它表现力很强，优美而富有韵味，借助线条的作用会拍出一幅非常好的商品照片。耳机这种连接线很长的商品，要表现细节就必须把所有的线圈放在同一个画面中，如果线的排列杂乱就不会产生美感，所以就要充分利用线的流动感形成一种曲线构图，如图4-51所示。

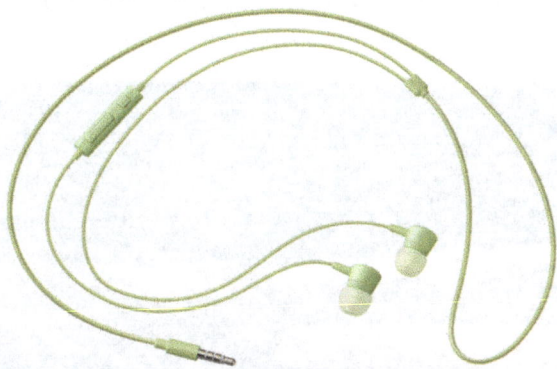

图 4-51

以上几种构图方法是较为传统的构图形式。商品拍摄的构图形式和布局没有固定不变的模式。我们学习的目的不是要生搬硬套，而是要在应用的基础上有所创新。

▶▶ 4.3.2 不同类别商品构图实例欣赏

1. 贵重类商品构图

摄影师在准备拍摄之前，要对被拍商品进行仔细观察，取其最完美、最能表现其特点的角度，然后将其放在带有背景的静物拍摄台上。构图时要根据不同的拍摄对象做不同的安排。拍摄贵重的物品，为求其平稳、庄重，一般都放在画面居中的位置上，如图4-52所示。

图 4-52

2. 动感类商品构图

拍摄动感强的物品，就应该在主体所向的方向前留出一些空间，有了空间就有了动感前进的方向性指示。如图4-53所示，图片中的汽车虽然停在原地，但是却有种驰骋的感觉。

图 4-53

3. 光影类商品构图

光与影在拍摄过程中也是被当作构图的元素来处理的，影子部分被当作实体来构成整个画面的比例分割。如图4-54所示，香水瓶本身与阴影被当作不同的元素对画面进行划分。

● 瓶身处理
瓶身丝印处理，确保质感与效果。

图 4-54

4. 商品细节类构图

同一件商品上的不同配件元素和不同角度，也可以当作构图的要素。在这种构图方式中，大面积的部分被弱化，突出了细节，靠细节的形式感变化或者比例的变化，形成整体构图的动感，如图4-55所示。

图 4-55

5. 商品组合类构图

同类商品的不同外观和形态组合，也能够产生形式美感。对同一种商品按一定构图方式进行摆放，既能展现不同角度的商品形态，还能展现不同角度所形成的美感，如图4-56所示。图4-57所示的是同类商品组合的构图。同一屏幕显示的不同内容的组合也有此类的效果。

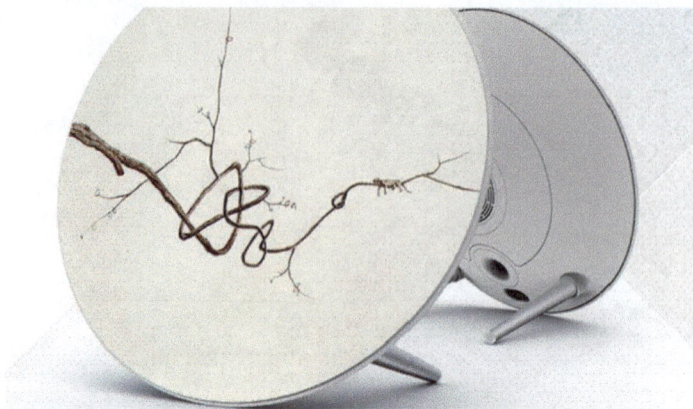

图 4-56

图 4-57

课堂作业1

教师引导学生进行构图草图的绘制方法讨论，学生以小组为单位尝试进行构图草图绘制经验的总结。

课堂作业2

每人提交5张构图案例图片。鼓励学生自行拍摄，也可以从各大电商平台收集，每张图片附文字介绍。

课堂作业3

教师安排学生对照几种构图方法，从各大电商平台上收集对应的商品拍摄图片。以小组为单位讨论图片拍摄时运用了哪种构图方法，同时注意以下要点：

（1）电商平台的图片都是经过后期处理的，运用构图方法进行过处理的图片也可以列入讨论范围。

（2）以收集到的图片为参考，运用身边的道具进行构图实践。

4.4 拍摄布光

学习目标

❶ 了解室内自然光源和人工光源的优劣
❷ 掌握人工光源设备的作用和操作
❸ 掌握拍摄布光的流程
❹ 掌握光线气氛的营造
❺ 熟练不同类型商品拍摄布光的操作

商品拍摄与其他摄影题材的拍摄在光线的使用方面有一定的区别。商品拍摄的对象多数是能够放在拍摄台上的东西，物体的质感表现、画面的构图安排，较其他题材的摄影要求更高。而且商品拍摄中灯光使用较多，自然光使用较少，因此在画面布局和灯光处理方面比较复杂。下面介绍两种商品拍摄的光线使用方法。

▶▶ 4.4.1 室内自然光

如果使用室内自然光拍摄商品，拍摄者就应该了解这种光线的特点和使用要求。这种看似简单而且容易使用的光线条件，却非常可能导致拍摄的失败。由于室内的自然光是由户外自然光通过门窗等射入室内的光线，方向明显，极易造成物体受光部分与阴暗部分的明暗对比。自然光既不利于追求物品的质感，也很难完成其色彩的表现。对于拍摄者来讲，运用光线的自由程度比较受限。

怎样才能改变拍摄对象明暗对比过大的问题呢？一是要设法调整自己的拍摄角度，改善商品的受光条件，加大拍摄对象与门窗的距离。二是合理地利用反光板，使拍摄对象的暗处局部受光，以此来缩小商品的明暗差别。利用室内自然光拍摄商品照片时，如果用光合理、准确、拍摄角度适当，不但能使商品的纹路清晰、层次分明，还能达到拍摄对象受光亮度均匀，画面逼真的效果。

不过，在商品拍摄光线的使用方面，如果有条件的话，建议利用人工光源，根据自己对商品拍摄的认识，进行拍摄实践。

4.4.2 人工光源及辅助设备

人工光源主要是指各种灯具发出的光。这种光源是商品拍摄中使用非常多的一种光源。它的发光强度稳定，光源的位置和灯光的照射角度，可以根据自己的需要进行调节。

1．闪光灯

在使用人工光源的实际拍摄中，用得最多的就是图4-58这样的大功率闪光灯。这种闪光灯的功率从100W至5000W都有。标准的影棚一般都配备功率总量为2500W左右的闪光灯（3～5盏），这样就可以完成大部分商业摄影的项目了。

图 4-58

专业闪光灯色温[①]非常稳定，采用海漫管的灯，其色温保持在5500K左右，因此可以长期稳定地工作再配合日光型胶卷可以完美再现被摄物的色彩，而且光量大。在拍摄时可以选用极小光圈，以满足商业摄影需要的大景深。

2．辅助设备

人工光源辅助设备的用途是用于改变光性的，比如把光线从软变硬，色温从高变低等。以下介绍几种常见的人工光源辅助设备。

---

① 色温是照明光学中用于定义光源颜色的一个物理量，即把某个黑体加热到一个温度，其发射光的颜色与某个光源所发射的光的颜色相同时，这个黑体加热的温度。色温单位用"K"表示。

（1）反光罩

标准反光罩通过卡口旋进闪灯卡口，安装时要注意，不要碰撞闪灯环管和造型灯。安装标准反光罩后的光会比较集中，照射范围小，光性硬，会出现深色硬边阴影，如图4-59所示。

图 4-59

（2）挡光板

挡光板安装在标准反光罩上，运用可调节的挡光板可以更好地改变光线的性状，通过调节挡光板可以形成不同的拍摄效果，如图4-60所示。

图 4-60

（3）蜂巢

蜂巢是用于管束光线的，蜂巢状铁板，能够让光线更硬，减少散射光，加强方向性，拍摄出来的物件会出现更深的阴影，如图4-61所示。

图 4-61

（4）柔光箱

柔光箱，顾名思义，它能使光线变柔和，产生软硬适度的阴影。柔光箱由轻型金属支架支撑，外部蒙反光布和柔光布，如图4-62所示。柔光箱通过卡口或曲面螺丝固定在闪光灯前面，安装时注意不能碰撞闪光环管和造型灯。柔光箱有各种形状。柔光箱不是越大越好，如果太大了，中央和边缘的光强度会差异很大，这时可以在中间多加一层柔光布以增强柔光效果。

如果觉得光线还不够柔和，可以在柔光箱前面再增加个更大面积的柔光布或硫酸纸，或者使用反光板（见图4-63）。如果没有柔光箱，可以采用其他简易的替代品，如柔光布或柔光纸等。

图 4-62

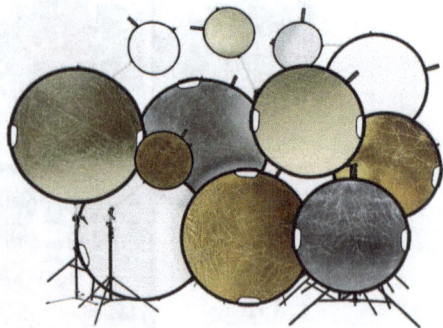

图 4-63

（5）背景布

各种颜色的无缝背景布也是比较重要的道具。商品拍摄一般使用纯色或渐变的背景布，而艺术摄影则根据流行趋势选用各种花哨的背景布来营造丰富多彩的画面。

如图4-64所示，背景布一般用一个背景绞架转轴固定在墙上或天花上，可以收放。如果拍摄半身人像，背景布放一半下来就够了；如果需要拍全身人像，背景布可以一直延长到地上。背景布有多种颜色：红、蓝、黄、绿、粉、紫、黑、灰、白等，可以根据需要选用。

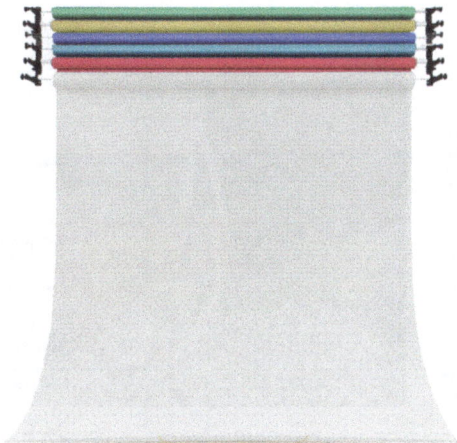

图 4-64

在使用人工光源进行拍摄时，要根据拍摄对象的具体条件，以及拍摄者想要表现的内容决定。灯光是以点状光源，或是柔光棚光源及反射光线等形式对被拍摄对象发生作用。许多情况下，被拍摄对象的表面结构决定了光源的使用方式。

4.4.3 拍摄布光的流程

在讲解拍摄布光流程前，先介绍各种位置灯光的作用和效果。在一般情况下，商品拍摄是依靠被拍商品的特性来吸引消费者的注意，而光线的使用会直接关系到被拍商品的表现。拍摄时，要善于运用光线明与暗、强与弱的对比关系，了解不同位置的光线所能产生的结果。图4-65中的商品就使用侧光进行拍摄，很好地显示了被拍摄对象的形态和立体感。

图 4-65

图4-66中商品拍摄使用了侧逆光，能够强化商品的质感表现。

角度较低的逆光，能够显示出透明商品的透明感，其效果如图4-67所示。

图 4-66

图 4-67

图4-68中在拍摄时使用了角度较高的逆光，凸显了商品的轮廓形态。

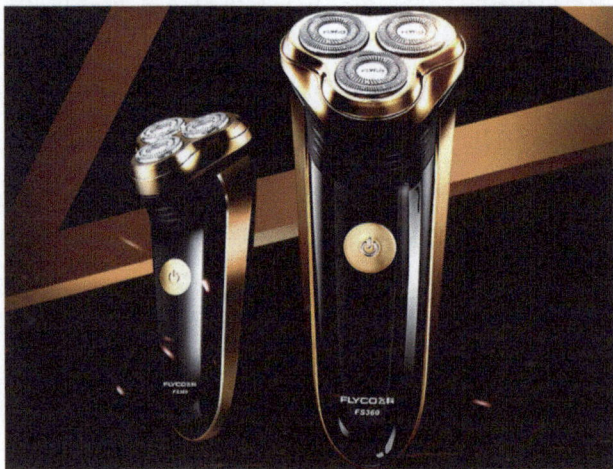

图 4-68

熟悉和掌握了上述各种位置灯光的作用和效果后，在拍摄时，可以先使用一只照明度较大的单灯在拍摄对象的前后、左右不同的位置进行照明实验，细心观察不同位置光线所产生的不同效果，了解灯光对表现拍摄对象时所产生的作用。

光线的类型大致可以分为主光、辅助光、轮廓光、背景光、顶光、地面光这几种。在一般情况下，利用室内灯光进行的商品拍摄只需采用3～4种光线类型即可。

对于拍摄者来说，在布置各种类型的光线时，切忌同时将所有的灯光全部照射到被拍摄对象及其背景等处，否则会造成光影的混乱。正规的布光方法，应该注重光线使用的先后顺序。

首先要把握主光的运用。因为主光是所有光线中占主导地位的光线，是塑造拍摄主体的主要光线。当主光作用在主体位置上后，灯位就不再轻易移动了。

主光的照射会使被摄体产生阴影，除非摄影画面需要强烈的反差，一般地，为了改善阴影面的层次与影调，在布光时均要加置辅助光。辅助光一般都安排在照相机附近，灯光的照射角度应适当高一些。加置辅助光时要注意控制好光比。辅助光确定以后，再根据需要来考虑轮廓光的使用。

轮廓光一般都安排在商品的左后侧或右后侧，而且灯位都比较高。使用轮廓光的时候，要注意是否有部分光线射到镜头表面，一经发现要及时处理，以免产生眩光。使用轮廓光后再按照拍摄需要，考虑背景光等其他光线的使用。

全部所需光线布置好以后，再纵观全局，做必要的细微调整。当然，这种有主有从、有先有后的布光顺序应用在一般情况下。面对一些特殊的拍摄对象，光线的使用并不一定拘泥于主光到辅助光再到轮廓光这种用光顺序。比如，有的时候只需要一只灯照明，有的时候将顶光作为主光使用。因此，拍摄者只要通过反复实践，掌握用光的规律，就能很好地把握商品拍摄中光线的使用效果了。

》》 4.4.4 光线与气氛

商品拍摄的效果能营造一种情感气氛，气氛的表达主要借助的是光线的布置。在拍摄过程中，首先应协调好商品质感表现、气氛渲染与主体内容表达之间的关系，然后根据所使用光线的造型作用和特点，调整好主光与辅助光的光比结构，利用画面气氛，更好地刻画静物拍摄画面的主体。

以下介绍几种不同光线与气氛渲染之间的关系。

1. 柔光

柔光适合于表现朦胧、柔情的情调，如图4-69所示。

图 4-69

2. 直射光

直射光适合于表现一些质感硬的物体。直射光对于物体大面积的质感表现也有强化作用，其效果如图4-70所示。

图 4-70

3. 侧光

正面光由于不利于表现物体的立体感，一般多用作辅助光；而侧光的立体感表现则较好，也最适合表现物体的质感，因此，静物摄影中常用侧光，其效果如图4-71所示。

图 4-71

4. 逆光

逆光能突出表现物体的轮廓，适合拍摄需要突出轮廓和强调通透感的物体。但由于逆光光照面积小，反差较强，故静物摄影中极少采用逆光作为主光。

4.4.5 不同表面结构商品的光线运用方法

1. 表面粗糙商品的光线运用

有许多商品具有粗糙的表面结构，如棉麻制品、雕刻物品等。为了表现好它们的质感，在光线的使用上，应采用侧逆光或侧光照明，这样会使商品的表面表现出明暗起伏的结构变化，如图4-72所示。

图 4-72

2. 表面光滑商品的光线运用

一些表面光滑的商品，如金银饰品、瓷器、漆器、电镀制品等，它们的表面结构光滑如镜，具有强烈的单向反射能力，直射灯光聚射到这种商品表面，会产生强烈的光线改变。以不锈钢类的产品为例，其金属反光面积很大，因此拍摄这类商品时，一是要采用柔和的散射光线进行照明，二是可以采取间接照明的方法，即将灯光作用在反光板或其他具有反光能力的商品上，反射回来的光照射商品就能够得到柔和的照明效果，如图4-73所示。

图 4-73

3. 透明商品的光线运用

玻璃器皿、水晶、玉器等透明商品的拍摄一般都采用侧逆光、逆光或底光进行照明，这样可以很好地表现出静物清澈透明的质感。如果没有底光，翡翠的透亮温润的效果会大打折扣，如图4-74所示。

图 4-74

4. 无影静物的光线运用

有一些商品照片，画面处理上完全没有投影，影调十分干净。这种照片的用光方法，是使用一块架起来的玻璃台面，将要拍摄的商品摆在上面，在玻璃台面的下面铺一张较大的白纸或半透明描图纸。灯光从下面作用在纸的上面，通过这种底部的用光就可以拍出没有投影的商品照片，如果需要也可以从上面给商品加一点辅助照明。这种情况下，要注意底光与正面光的亮度比值。

》》 4.4.6 典型商品的布光方法

1. 首饰类商品拍摄布光方法

以钻石首饰为例，它的特点在于钻石在加工后形成了许多的切割面，这些切割面在光的照射下，折射出无数条光线，因此会让钻石闪闪发光。想拍出这种效果，就要用补光的方法来打出不同明度、不同棱边的高光，使各棱边产生清新的光亮。如果要完全消除首饰的反光，可以采用帐篷式灯光照明，用无缝纸在首饰上和周围架起一顶"帐篷"。"帐篷"不仅要遮住周围和顶部，也要遮住前面；然后在上面开个洞，以便镜头伸进去进行拍摄，但是洞不能太大。有时候灯光就放在它的外面。对"帐篷"进行柔软的间接照明，这样便可以使光线均匀，首饰上就没有不必要的反光了。

图4-75就是使用了"帐篷"式布光的方法进行拍摄的，其光线均匀，无论是正面的钻石，还是侧面的钻石，都拍出了闪耀的效果，充分反映了钻石各个切割面的反射效果。

图 4-75

2. 化妆品类商品拍摄布光方法

很多化妆品都采用瓶装容器。瓶装容器表面容易反光，而且会把周围环境中的物体反映到玻璃表面上，所以这类化妆品一般都是在小范围内的影棚进行拍摄，用全包围式或半包围式打光达到理想的效果。拍摄这类化妆品应突显玻璃的质感与立体感，应根据产品色彩选择单一的背景，以便有效地突显主题，如图4-76所示。

图 4-76

3. 织物类商品拍摄布光方法

在拍摄织物类商品时，布光的灯位主要以侧光、顺光、侧顺光为主，而且光比较小，这样做能使其层次和色彩表现得更加丰富。利用顺光展现所有细节部分的质感，而且表面的层次也非常丰富，如图4-77所示。

4. 数码类商品拍摄布光方法

由于数码类商品的体积较小，所以拍摄时不需要用太高强度的光线。要注意用光将商品的棱角部分打出轮廓，以加强高档的科技质感。

对于数码类商品而言，并不是所有的被摄主体都需要放置在最明显的位置上，有时将主体稍作虚化处理，也能够达到突出被摄主体的作用，如图4-78所示。

图 4-77

图 4-78

课堂作业

分组使用同一道具分别在自然光源和人工光源下进行拍摄对比。熟悉实训室内人工光源设备的作用和操作。

分组进行一组道具的布光实践，对比不同光线类型产生的效果并记录。

（1）在教师的指导下进行不同表面结构商品布光练习。

（2）对不同质感、不同品类的商品进行打光实践，将打光方法与对应的结果做记录，品类不少于5种。

（3）对不同的拍摄效果进行总结，并以小组为单位进行PPT形式的汇报交流。

第5章

图片处理

商品拍摄完成后得到的照片我们一般称之为"底片"。绝大多数底片是不能直接放在网上店铺或销售页面中的，需要进行一系列的后期处理。我们一般运用Photoshop软件对图片进行处理，包括优化底片的色彩、修饰拍摄过程中留下的瑕疵等。

5.1 Photoshop软件操作基础

学习目标

❶ 了解Photoshop软件的基本概念和学习方法

❷ 掌握Photoshop软件常用工具的使用方法

❸ 掌握Photoshop软件常用命令的使用方法

5.1.1 Photoshop软件基本概念和学习方法

1．Photoshop软件基本概念

（1）像素与分辨率

像素是组成图像的最基本单元，它是一个个小矩形颜色块。一个图像通常由很多像素组成，这些像素被排列成横行或纵列。当我们用缩放工具把图像放大到一定比例时，就可以看到类似马赛克的效果。每个像素都有不同的颜色值，图像单位长度的像素数越多，品质就越好，图像就越清晰，如图5-1所示。

分辨率是度量位图图像内数据量多少的一个参数，通常表示成每英寸像素（Pixel Per Inch，PPI）和每英寸点（Dot Per Inch，DPI）。图像包含的数据越多，图形文件就越大，也能表现更丰富的细节。而更大的文件需要耗用更多的计算机资源，占用更多的内存和更大的硬盘空间等。但是，如果图像包含的数据不够充分，就会显得相当粗糙，特别是把图像放大为一个较大尺寸观看的时候就更加明显。所以在创建图片期间，我们必须根据图像

最终的用途决定正确的分辨率。这里的技巧是要保证图像包含足够多的数据，能满足最终输出的需要，同时要尽量少占用一些计算机资源。

图 5-1

（2）位图与矢量图

　　位图图像是Photoshop常用的图像样式。位图图像由颜色不同的一个个像素组成，因此又称为像素图或点阵图。位图的特点是可以表现色彩的变化和颜色的细微过渡，产生逼真的图像效果，并且很容易在不同的Adobe软件间交换使用。但这类图像容量较大，需占用较大的内存空间，如图5-2所示。

图 5-2

　　矢量图是由经过精确定义的直线和曲线组成的，这些直线和曲线称为向量，因此矢量图又称为向量图。每一个矢量图都是独立的个体，它们都有各自的色彩、形状、尺寸和位置坐标等属性。矢量编辑软件可以任意改变每个对象的属性，而不会影响到其他对象，也不会降低图形的品质。

矢量图形与像素和分辨率无关，也就是说，可以将矢量图缩放到任意尺寸，且不会丢失细节或降低清晰度。这类图形的优点是：创建的文件小，需占用的内存小，但只能作为简单的图形。

（3）图层

图层就像是含有文字或图形等元素的胶片，一张张按顺序叠放在一起，组合起来形成页面的最终效果。借用百度上的比喻就是：图层就像在一张张透明的玻璃纸上作画，透过上面的玻璃纸可以看见下面纸上的内容，但是无论在上一层上如何涂画，都不会影响下面的玻璃纸，上面一层会遮挡住下面的图像。最后将玻璃纸叠加起来，通过移动各层玻璃纸的相对位置或者添加更多的玻璃纸即可改变最后的合成效果，如图5-3所示。

图 5-3

2. 文件保存格式

了解文件的保存格式，有助于学习者在明确文件的用途时，按照需求对文件格式有选择性地保存，方便自己和他人后期的操作和使用。文件的格式有很多种，常见的有5种，分别是PSD、BMP、PDF、JPEG、GIF。其中最重要的格式是PSD、JPEG、GIF这3种格式。下面介绍各种文件保存模式的不同之处。

（1）PSD格式

PSD（Photoshop Document）格式是Photoshop的固有格式，这种格式能够比其他格式更好地保存层、通道、路径、蒙版，并且压缩文件不会造成数据丢失等。但是，很少有应用程序能够支持这种格式。

（2）BMP格式

BMP（Bitmap）是Windows操作系统中的标准图像文件格式。这种格式被大多数软件所支持。BMP格式采用了一种叫RLE（Rum-Length Encoding，游程编码）的无损压缩方式，它是一种简单的非破坏性资料压缩法，对图像质量不会产生任何影响。

（3）PDF格式

PDF（Portable Document Format）是由Adobe公司创建的一种文件格式。该格式允许在屏幕上查看电子文档。PDF文件还可被嵌入到网页的HTML文档中。

（4）JPEG格式

JPEG（Joint Photographic Experts Group，联合图形专业人士组）格式是一个最有效的有损压缩格式，被大多数的图形处理软件所支持。JPEG格式的图像还普遍用于网页的制作。如果对图像质量要求不高，但又要求存储大量图片，使用JPEG格式无疑是一个好方法。

（5）GIF格式

GIF格式是输出图像到网页最常采用的格式。GIF格式采用LZW压缩（LZW压缩是一种由Abraham Lempel、Jacob Ziu和Terry Welch发明的基于表查寻算法把文件压缩成小文件的无损压缩方法），限定在256色以内的色彩。GIF格式有87a和89a两个版本。GIF 87a严格支持不透明像素。而GIF 89a能够支持透明色和多帧动画，因而，更大地缩小了GIF的尺寸。如果要使用GIF格式，就必须转换成索引色形式（Indexed Color），使色彩数目转为256或更少。

3. Photoshop软件学习方法

快捷键就是为方便进行软件操作而产生的，视觉设计师或网店美工在学习Photoshop软件时，首先就要从记忆快捷键开始，熟练掌握快捷键不但能够提高软件操作的速度，而且不必考虑软件语言版本的问题。常用的必备快捷键分类汇总如表5-1所示。

表 5-1

文件操作类必须掌握的快捷键	
新建	【Ctrl＋N】
打开	【Ctrl＋O】
保存	【Ctrl＋S】
另存为	【Ctrl＋Shift＋S】
编辑类必须掌握的快捷键	
撤销	【Ctrl＋Z】
向前一步	【Ctrl＋Shift＋Z】
向后一步	【Ctrl＋Alt＋Z】
剪切	【Ctrl＋X】
复制	【Ctrl＋C】
粘贴	【Ctrl＋V】

续表

自由变换	【Ctrl + T】
图像调整类必须掌握的快捷键	
色阶	【Ctrl + L】
自动色阶	【Ctrl + Shift + L】
自动对比度	【Ctrl + Shift + Alt + L】
曲线	【Ctrl + M】
色彩平衡	【Ctrl + B】
色相／饱和度	【Ctrl + U】
去色	【Ctrl + Shift + U】
反向	【Ctrl + I】
图层类必须掌握的快捷键	
新建图层	【Ctrl + Shift + N】
合并图层	【Ctrl + E】
合并可见图层	【Ctrl + Shift + E】
选择类必须掌握的快捷键	
全选	【Ctrl + A】
取消选择	【Ctrl + D】
反选	【Ctrl + Shift + I】
羽化	【Ctrl + Alt + D】
提取	【Ctrl + J】

》》 5.1.2 Photoshop软件常用工具

1. 主要工具

这里我们主要介绍规则选框类工具、不规则选框类工具、文字工具、图片修复类工具、渐变工具等。其他工具都是艺术设计专业学生在进阶学习阶段需要使用的工具，在电子商务美工的工作中很少会用到，所以就不在此具体介绍了，有兴趣的同学可以课外做一些了解。

规则选框类工具的主要功能是在文件中创建各种类型的规则选择区域，创建后，操作只在选框内进行，选框外的图像不受任何影响。规则选框类工具包括矩形、椭圆、单行、单列选框工具。

不规则选框类工具的主要功能是在文件中创建各种类型的不规则选择区域，创建后，操作只在选框内进行，选框外不受任何影响。不规则选框类的主要工具包括套索工具、魔棒、钢笔工具。下面具体介绍。

（1）矩形选框工具

该工具的快捷键是字母M键，图标是 ▢。在矩形选框工具的右下角有一个小三角箭头，按住鼠标左键数秒后，小箭头会弹出一个菜单，这里面包含4种规则的选框工具。矩形选框工具主要用来绘制矩形选区，在参数栏里可以对不同的参数值进行设定，包括建立多个选区、复合选区、从某个区域减去、交叉选区、羽化、样式等操作，如图5-4所示。

图 5-4

（2）椭圆选框工具

该工具的快捷键也是字母M键，图标是 ○。该工具的主要功能是建立椭圆选区和正圆选区。不做任何设置时，我们建立的是椭圆选区，结合快捷键后，可以建立正圆选区。同样在其选项条上，可以规定所绘制圆形选框的大小与比例。参数设置方法与矩形选框相同。

（3）单行、单列选框工具

该工具没有快捷键，图标是 ▭。该工具的主要功能是建立一个像素的行和列的选区，配合Shift快捷键，我们可以创建一些表格和辅助线的效果。参数设置方法与矩形选框相同。

（4）套索工具和多边形套索工具

这两种工具的快捷键都是字母L键，图标分别是 ○ 和 ▷。套索工具主要用于建立复杂的几何形状的选区。多边形套索主要用于建立直线型的多边形选择区域。首次建立选区时按住Shift键可约束画线的角度为水平、垂直或45度。使用套索工具和多边形套索工具时，按快捷键Alt键可在这两种工具间互相切换。参数设置方法与矩形选框相同。

（5）魔棒工具

该工具的快捷键是字母W键，图标是 ✦。魔棒工具是基于图像中相邻像素的颜色近似程度来进行选择的，它适合选区图像中颜色相近或有大色块单色区域的图像，所选取的颜色是以鼠标的落点颜色为基色。魔棒工具在参数设置上比矩形工具多出一项"容差"参数 容差: 11 。使用魔棒工具的时候，容差是0表示魔棒只能选择相同的颜色，容差越大，颜色选择可以越广泛。比如，容差是0的时候，如果选择的是纯蓝色，那么魔棒只能选中100%的蓝色；如果容差是20，那么就可以选中淡蓝和深蓝；当容差很大的时候，那么魔棒就会把所有的颜色都选中了。

（6）仿制图章工具

该工具的快捷键是字母S键，图标为 ，按Alt键取点后，在另一个地方涂抹时会在原来取点的地方出现一个"+"，这个符号是用于定位的，它移动范围内的图像就是图章涂抹处出现的图像。取点后，就确定了要复制的像素点，一旦在另外的地方按下鼠标，则两点之间的相对位置即被锁定，无论在什么地方单击，复制点与被复制点间的坐标位置是固定不变的，所以可对第一次单击处的地方做反复修饰。

（7）渐变工具

渐变工具与油漆桶工具在一起，其快捷键是字母G键，图标是 。当选择了渐变工具之后，上端的参数栏会变化成 ，双击红框区域，会得到一个对话框，如图5-5所示。图5-5上半部分预设了多重渐变的模式供选择。选择好渐变的模式后，双击图5-5下半部分的红框区域，得到相应的对话框，图5-5中的红框区域是添加的颜色。按照上述方法可以添加多种颜色达到颜色渐变的效果，如图 5-6所示。

图 5-5

（8）钢笔工具

该工具的快捷键是字母P键，图标是 。该工具是矢量绘图工具，可以勾画平滑的曲线，无论是缩放还是变形都能保持平滑效果。钢笔工具画出来的图形通常叫作路径。路径可以是开放的或者是封闭的。钢笔工具绘出来的线条全部都是贝塞尔曲线。贝塞尔曲线由线段和节点构成。曲线中的每个节点都有两个控制点，我们就是通过调节控制点来设计自己想要的线条。钢笔工具不仅可以用来抠图，还可以画出各种各样的线条，尤其在不规则图形中，钢笔工具的功能就很明显了。在后面抠图操作章节中将介绍具体的操作方法。

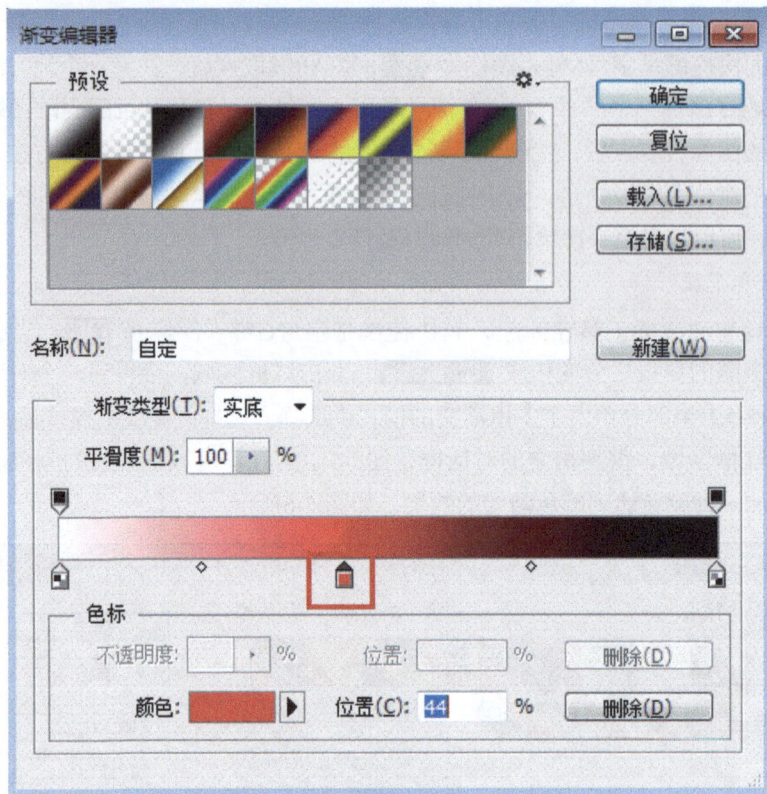

图 5-6

（9）文字工具

该工具的快捷键是字母T键，图标是 ▢。使用该工具可以在文字图层设置字体、大小、变形等基本操作。蒙版文字转换成路径可以进行编辑。执行窗口菜单的"图层"→"文字"→"栅格化文字"命令可以将文字转换为位图。

在我们的日常设计工作中，我们可以从字库网站上下载自己所需要的字库安装到计算机系统中，打开控制面板中的字体文件夹，把下载的TTF文字粘贴到此文件夹中，下载的字体就可以应用了。

2. 辅助工具

（1）标尺工具

该工具的主要作用就是度量当前图像的尺寸，同时对图像进行辅助定位，使图像的编辑更加准确。操作时执行菜单中的"视图"→"标尺"命令，或者使用【Ctrl+R】组合键，即可在当前图像中显示标尺。如果要将文件中的标尺隐藏，可再次执行菜单中的"视图"→"标尺"命令，或者使用【Ctrl+R】组合键。

修改标尺的原点，用以度量文件的尺寸，可以使用鼠标左键在标尺的原点进行拖曳。拖至需要度量的位置即可。

（2）参考线工具

当执行"视图"→"新建参考线"命令时，在弹出的对话框中设置各选项参数，就可以精确地在当前文件中新建参考线。另外，当前文件显示标尺时，将鼠标移动到标尺的任意位置，单击向画面中拖动，可以为画面添加参考线。清除参考线可以按住Ctrl键，将其拖回标尺。移动参考线可以使用工具箱的移动工具，也可按住Ctrl键进行拖动。如果要设置参考线的属性，可以按住Ctrl键，在参考线上双击鼠标，打开"首选项"对话框，在参考线、网格和切片中进行设定，如图5-7所示。

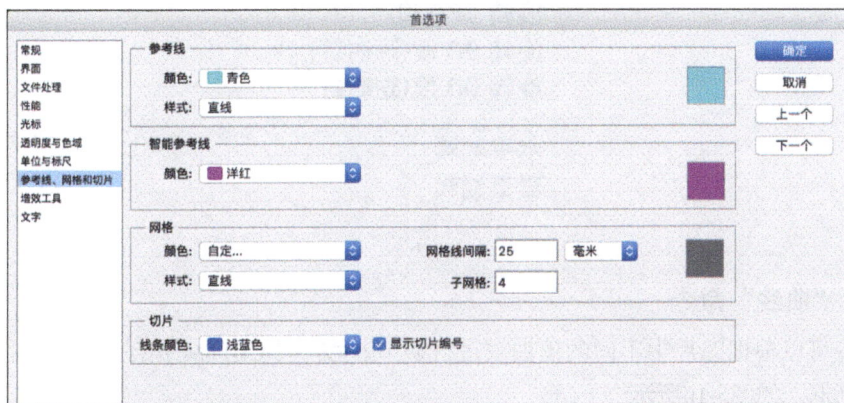

图 5-7

5.1.3 Photoshop软件常用命令介绍

1. "自由变换" 命令

在建立了选区或者选择了图层后，按下【Ctrl+T】组合键后，会出现一个四周有节点的方框，我们可以对四个节点进行拉伸、收缩、放大、旋转等操作，如图5-8所示。也可以单击鼠标右键显示变换菜单，进行不同的变换操作，如图5-9所示。

图 5-8

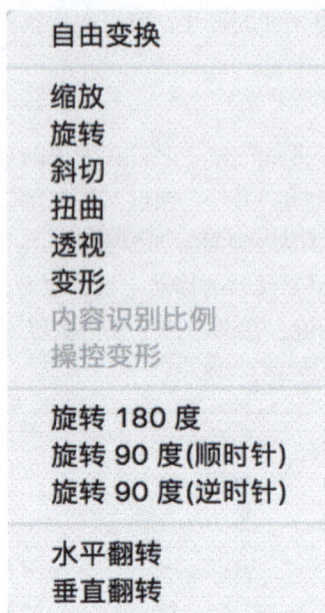

图 5-9

2. "曲线"命令

曲线可以根据图片中不同的黑白灰进行调节。按下【Ctrl+M】组合键可以打开"曲线"对话框，如图5-10所示。

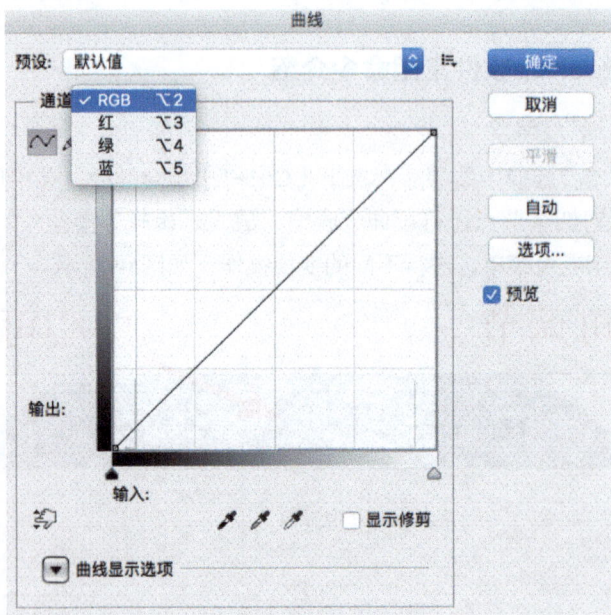

图 5-10

3. "色相/饱和度"命令

该命令用于调整图像中单个颜色中的色相、饱和度、亮度。它的3个调整标尺分别为调整色相、饱和度、亮度。调整色相也就是调整颜色的变化，即赤橙黄绿青蓝紫的变化，在调整时，是把调整框中的数值加上图像中的数值得到最终色，当数值为最大或最小时，颜色就是原来颜色的补色。调整饱和度就是调整颜色的鲜艳度，通俗地说就是颜色在图像中所占的数量的多少，数值越大，图像颜色就越鲜艳，反之图像颜色就趋向于灰度化；调整亮度就是调整图像的明暗度，数值越大，图像就越亮，当数值为最大时，图像将是白色，反之就是黑色，如图5-11所示。

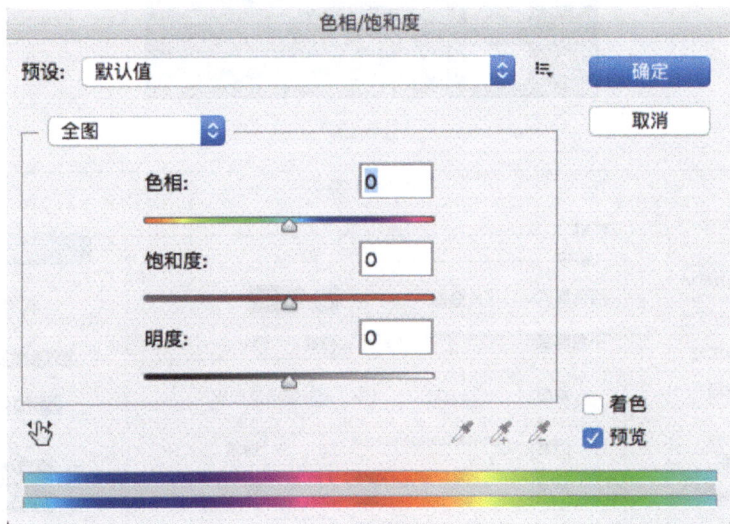

图 5-11

4. "向下合并/合并可见图层"命令

需要进行合并的图层可以按住Ctrl键进行选择，然后按【Ctrl+E】组合键进行合并，也可以使用【Ctrl+Shift+E】组合键将所有图层一起合并，如图5-12所示。

≫ 5.1.4 Photoshop软件常用操作

1. 图层样式的使用

图层样式在图像合成编辑操作过程中使用得比较频繁，尤其是在店铺装修设计中应用广泛。几种常用的图层样式，也是较为基本的图层样式为：投影、描边、发光。

（1）投影图层样式

图5-13就是投影图层样式的参数调节面板。在面板中选中需要添加投影的图层并双击鼠标，就能打开相应的图层样式面板，进而对混合模式、透明度、角度、距离、扩展、大小等因素进行调整。

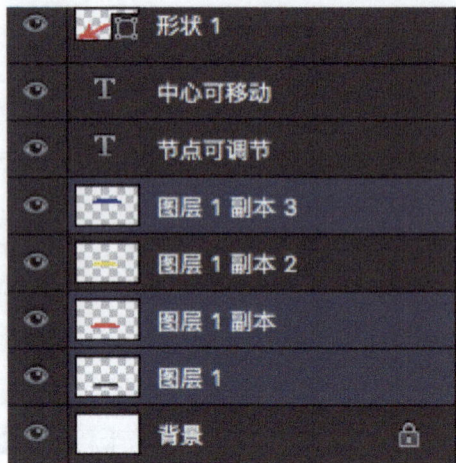

图 5-12

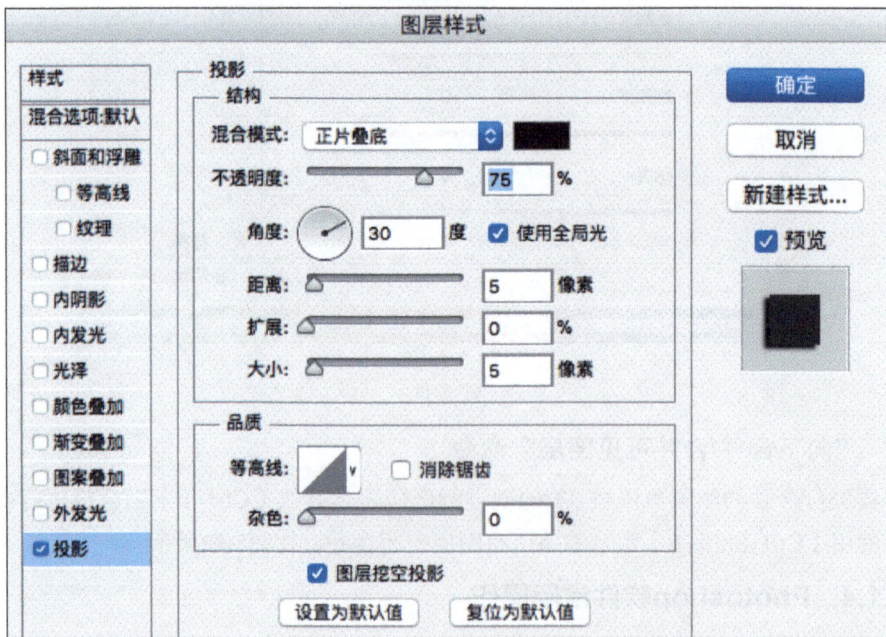

图 5-13

　　图5-14中"双旦礼遇季"的天猫标识和白色字体的阴影就是使用了投影的图层样式，使这两个部分看起来很有立体感，比单纯平面效果具有更强的吸引力。投影是软件通过计算绘制出来的，并没有实际中那么多干扰因素，所以投影比较均匀整洁，商品的抠图直接添加投影更能体现商品的整体感。图5-15中的详情页介绍和图5-16中的优惠红包的制作都离不开投影，可以说投影是图层模式中应用最广的图层模式。

图 5-14

图 5-15

图 5-16

（2）描边图层样式

描边图层样式在图片合成过程中也经常使用。双击当前图层的图标就可以激活图层样式面板，单击描边选项可以开启参数设置面板，设置大小、颜色、填充类型等参数，如图5-17所示。

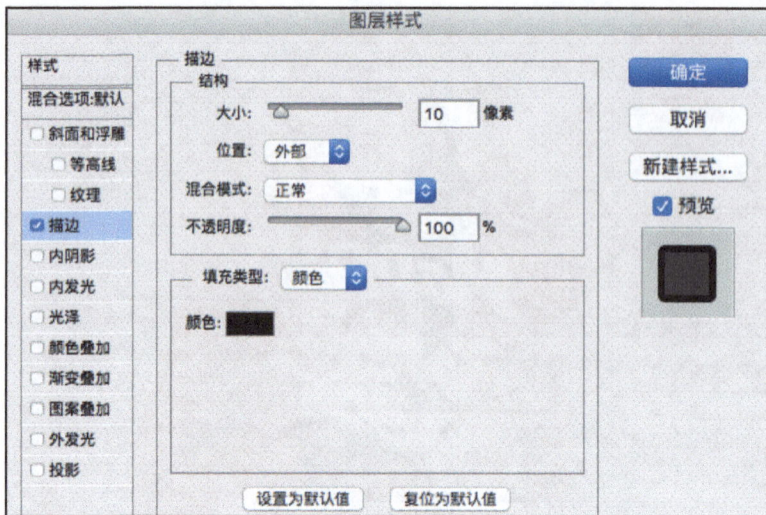

图 5-17

　　描边可以让图形与图形之间的位置关系更加明晰，经过描边的图片更加具有着重强调的意味，配合一些特殊效果的制作，更能显示卖家在视觉设计上的用心程度。如图5-18中，丝带使用了描边样式，营造出一种礼盒的视觉效果。粗线与细线的描边给人的感觉也是不同的，粗的描边显得稳重大气，细的描边显得高端雅致。我们也可以根据不同版面的需要合理使用描边样式，绘图加上细致的边线，如图5-19所示。

图 5-18

（3）发光图层样式

　　在当前图层图标上双击鼠标，就可以开启发光图层样式的参数设置面板，发光面板总共有两种：一种是内发光，另一种是外发光，如图5-20所示。"外发光"是为图像边缘的外部添加发光效果，"内发光"则是为图像边缘的内部添加发光效果。图5-21中的文字就用了"外发光"的样式，这种样式使文字呈现出柔和的感觉。我们可以选择不同的颜色光，以配合整个版面的色彩搭配，从而起到装饰作用。发光样式也是制作图标和特殊效果的常用工具。图5-21中白净的气泡的制作就使用到了"内发光"效果。

图 5-19

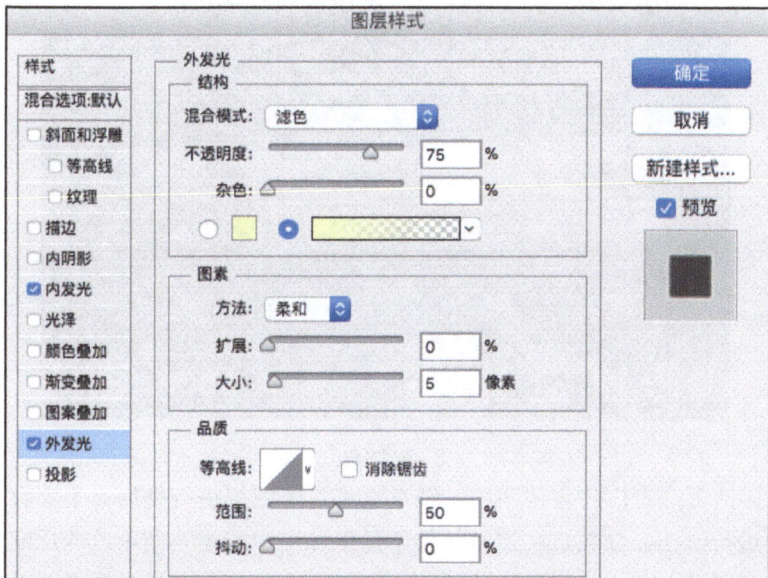

图 5-20

图 5-21

（4）改变透明度优化多层叠加效果

在图层面板上，有"不透明度"的数值调整模块。在上下两层图层叠加的情况下，100%"不透明度"意味着完全不会露出下一层的图像，此时通过减少不透明度之后，如图5-22所示，下一层的图像就会渐渐地在上一层的基础上透出来。

图 5-22

在商品详情页或者广告宣传图中，经常会将几个图层进行叠加，上层叠加的图层会对下层图层进行遮挡。如果这种遮挡效果不是很和谐，就需要使用改变透明度的方式让效果看起来更和谐一些。改变透明度的图层视觉上有种轻盈灵动的气息，尤其是针对当作文字的背景，调整透明度既能够把文字凸显出来，又不至于很死板，如图5-23和图5-24所示。

图 5-23

图5-24

2. 抠图操作

抠图的方法有很多种。抠图的本质就是建立选区，而Photoshop软件的主要功能与目的就是建立选区并进行编辑，所以Photoshop操作又被称作是"选择的艺术"，Photoshop所有的工具和命令都是为了建立选区。下面简单地介绍几种建立选区抠图的技巧。

（1）纯色背景的抠图方法

【素材所在位置】Photoshop/素材/图5-25

一般情况下，使用纯色背景和使用白色背景作为商品底色的图比较好抠图。很多图片拍摄时就用了白色背景，抠图时使用魔棒就可以轻松搞定。

按【Ctrl+O】组合键打开素材"图5-25"，使用魔棒工具单击白色背景，背景就全被选中了。如果背景不是白色而是纯色，效果也是一样的，如图5-25所示。

图 5-25

抠图一般都会配合"反向"(【Ctrl+shift+I】组合键)和"提取"(【Ctrl+J】组合键)命令将图片复制到另一图层上。在图层面板上显示的效果比较直观,可以看到图中人物已经被提取到另外一层上,如图5-26所示。

图 5-26

根据不同的背景需要,可以调整魔棒的容差,以达到更好的选取效果。容差值越小,对同色系的选取范围就越小,反之则越大,如图5-27所示。

图 5-27

（2）背景与商品差别不大的背景抠图

【素材所在位置】Photoshop/素材/图5-28

有的商品摄影没有使用纯色系背景，或者背景与商品的色系和明度差别不大，同时又有很多弧形转折，图5-28就属于这种类型。此时可以使用钢笔工具进行抠图，以保证每个细节都能准确地抠取。

按【Ctrl+O】组合键打开素材"图5-28"，单击钢笔工具，沿着图像边缘进行绘制。

图 5-28

使用钢笔工具的好处是可以将复杂的弧形转折抠取到位，配合Alt键对各个节点进行直角和弧度的调整，如图5-29所示。按住Alt键单击节点，下一个节点就不再保持上次节点的弧度数据，而是重置数据开始新的节点调整，使用非常灵活。在抠图过程中，还会用到视图调节快捷键对编辑视图进行放大、缩小和移动，方便进行操作。

建立好的路径保存在路径面板中就可以反复使用。单击当前路径，单击底部的"将路径作为选区载入"按钮将路径转化成选区，重复反向与提取命令，将图抠取到另一图层上，如图5-30所示。

（3）色彩差别较大的图片抠取

如果一张图片中需要抠取的部分与整个图片的色彩差别较大，那么像图5-31这样除了使用魔棒外，还可以使用"色彩范围"命令进行抠取。

图 5-29

图 5-30

用户可以在"选择"菜单栏里找到"色彩范围"命令，如图5-32所示。

通过调整参数和所需要选择的区域，可以决定选择图像的面积与位置。色彩范围面板上有选择范围的预览图，可以根据预览图进行参数的调整。因为每张图片都不同，所以每张图片的参数设置需要根据实际情况进行调节，如图5-33所示。

图 5-31

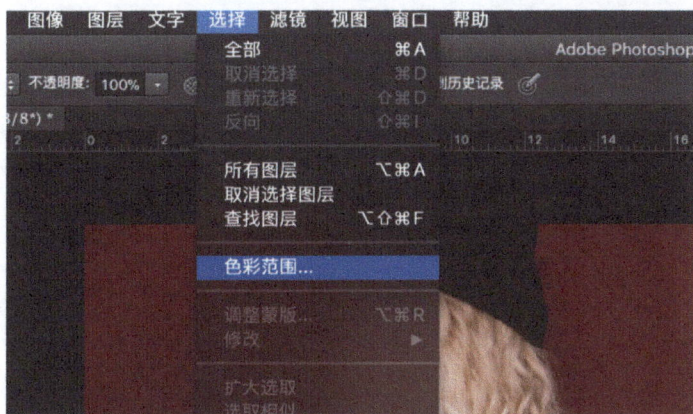

图 5-32

图 5-33

建立选区之后，重复反向和提取命令以完成抠图。

课堂作业1

分别寻找3种不同类型的图片，即"背景颜色与商品差别比较大的""背景是纯色或者白色的""商品弧形转折细节较多的"图片进行抠图操作，并将抠出来的商品图进行Banner背景合成。

要求：

（1）分组完成，每组人数4～6人。

（2）合成需要使用投影、发光、描边图层样式中的任意两种。

（3）通过改变图层透明度对文字图层与背景图层的叠加效果进行优化。

（4）记住常用操作快捷键，在操作上尽量使用快捷键进行操作，避免翻看菜单。

课堂作业2

在教师的指导下，打开Photoshop软件，一边练习一边记住工具和命令的操作，练习过程中尽量多地使用快捷键。

5.2 图片色彩优化

学习目标

❶ 了解图片色彩优化的流程
❷ 掌握图片色彩优化的方法
❸ 熟练图片色彩优化的操作

5.2.1 修复图片颜色

所谓偏色，就是指图片偏离客观自然的颜色。每个人对颜色的感觉都有差别，面对一张有偏色的图片，可能一时很难准确判断偏色的色调和程度。

计算机上图片的颜色都被数字量化了，在PhotoShop软件里可以方便地判断偏色并进行调整，方法也有好几种。我们可以取3个点进行偏色校正：高光点（一般取245以上RGB数值），暗部（一般取10以下RGB数值），灰部（一般取白色的阴影）或画面的灰点（RGB数值处于100~200为最佳）。灰部点不要取肤色或固有色（即红色、黄色、绿色及肉眼明显可分辨的色相颜色）。取点注意R、G、B这3个数值尽量接近或数值相差不大，取完点再看数据。只要看R、G、B中的哪个数值大了或小了，那就可以肯定地说这张图片就是偏向数值大的颜色或是数值小的颜色的补色。具体偏了多少数值，运用Photoshop中的信息面板就可以直接观察到。通过观察会发现图5-34与图5-35的色彩有明显差异，而且图5-34的颜色偏黄色、偏青色，无法激起消费者的食欲和购买欲。

图 5-34

图 5-35

5.2.2 Photoshop中的色彩优化命令

1. "亮度/对比度"对话框

在商品拍摄过程中，外界因素的影响常常会导致拍摄效果不理想的情况，比如曝光过度、曝光不足、图像缺乏中间调和图像发灰等。这就需要应用图像的明暗调整命令对图像进行处理，使其达到满意效果。使用"亮度/对比度"命令可以对图像进行色调调整。

"亮度/对比度"主要有两个参数设置选项，分别可以通过输入参数和调整滑块的方法来调整图像，如图5-36所示。

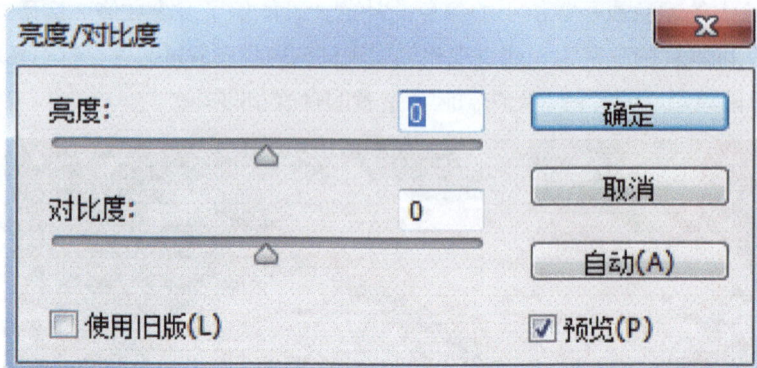

图 5-36

【素材所在位置】Photoshop/素材/图5-37。

【效果所在位置】Photoshop/效果/图5-39。

按【Ctrl+O】组合键打开素材"图5-37"，执行"选择"→"图像"→"调整"→"亮度/对比度"命令，设置参数如图5-38所示。最终将图像调整为曝光正常状态，如图5-39所示。

图 5-37

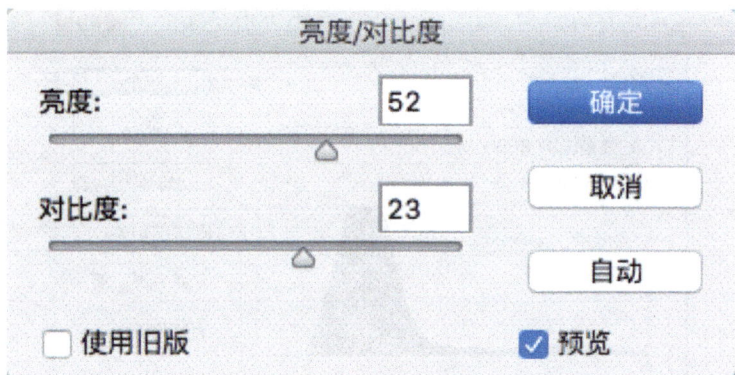

图 5-38

图 5-39

2. "色阶"对话框

执行"图像"→"调整"→"色阶"命令（【Ctrl+L】组合键），就会弹出"色阶"对话框。在"色阶"对话框中可以清楚地观察到图像的直方图，从而对图像的高光和阴影值、整体亮度和对比度、色彩平衡进行精确调整，如图5-40所示。

3. "曲线"对话框

"曲线"命令与"色阶"命令有相似处，但是"曲线"命令的功能比"色阶"命令更加强大。使用"曲线"对话框可以调整图像的整个色调范围内的任意一点（从阴影到高光），可以对图像中的个别颜色通道进行精确调整，还可以将"曲线"调整设置，存储为预设，以便以后再次使用。在"曲线"对话框中，输入色阶和输出色阶的数值是靠一条可以弯曲的线条调节的。该线条在没被调节前默认显示为一条直的对角线，如图5-41所示。

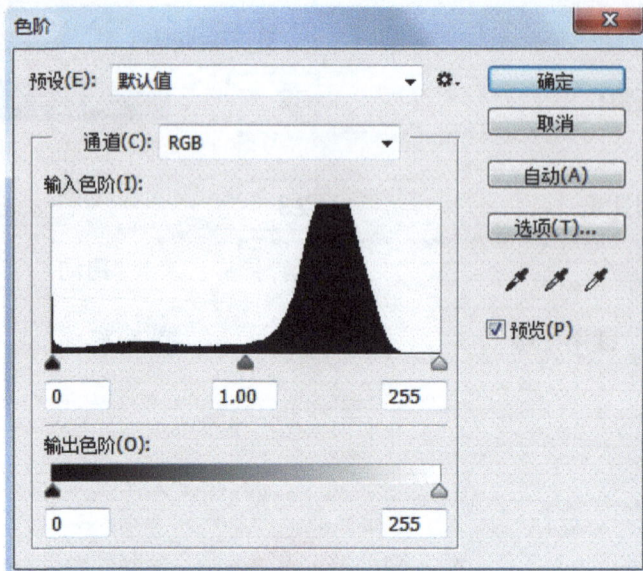

图 5-40

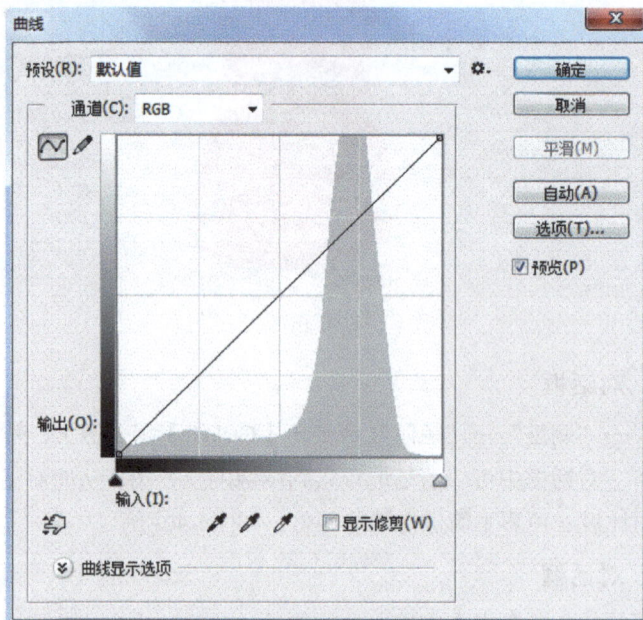

图 5-41

【素材所在位置】Photoshop/素材/图5-42。

【效果所在位置】Photoshop/效果/图5-44。

执行"图像"→"调整"→"曲线"命令（【Ctrl+M】组合键），就会弹出"曲线"对话框，将对话框中"输出"和"输入"的数值分别调整为156和73，如图5-43所示。最终获得图5-44所示的效果。

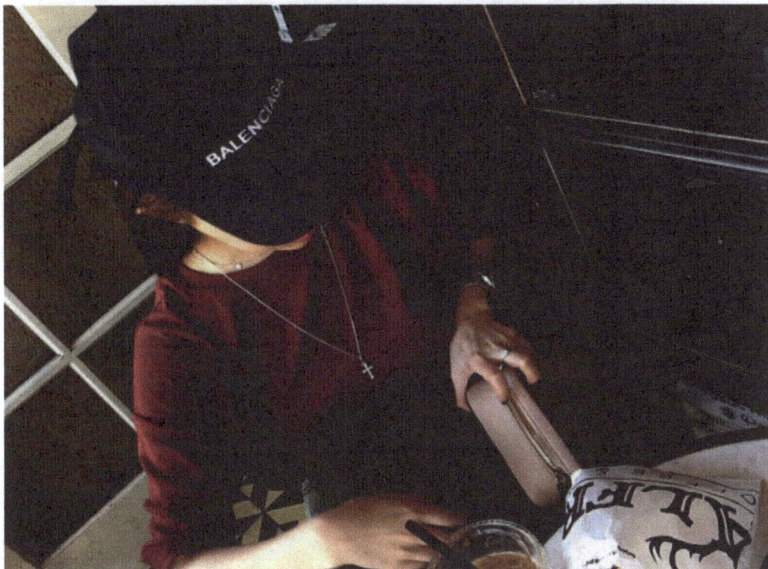

图 5-42

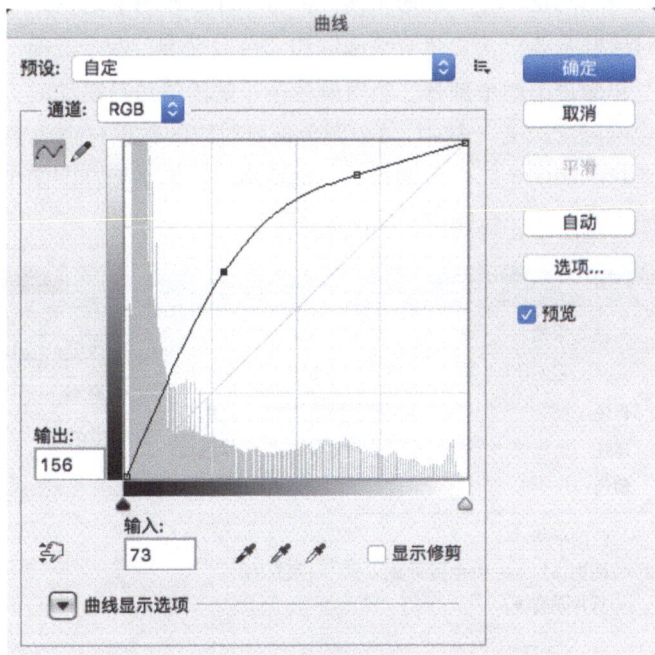

图 5-43

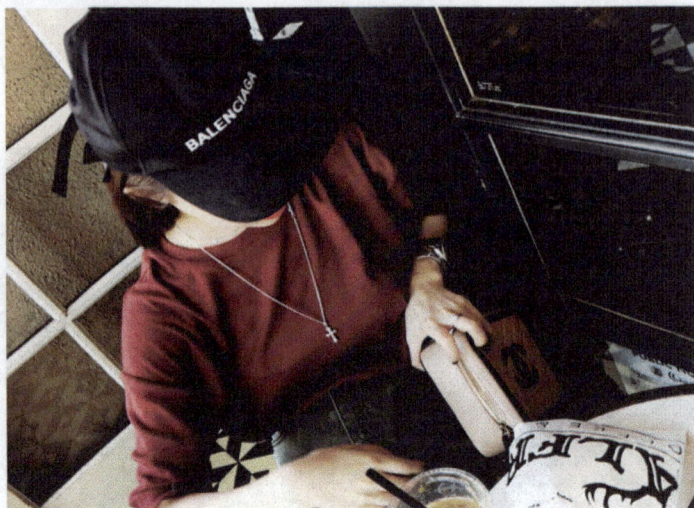

图 5-44

4. "色彩平衡"对话框

"色彩平衡"命令用于调整图像的总体颜色混合，可以对图像进行一般的色彩校正，使图像的各种色彩达到平衡。使用时需要注意，必须确保在"通道"面板中选择复合通道，此命令才可用。

执行"图像"→"调整"→"色彩平衡"命令（【Ctrl+B】组合键），打开"色彩平衡"对话框。该对话框主要包含"色彩平衡"和"色调平衡"两个选项。"色彩平衡"中又包括了"色阶"和颜色条两个部分。当对颜色条下的滑块进行滑动时，"色阶"文本框中相对应的数值也会随之改变。其中，3个颜色条所对应的数据分别代表了R、G、B通道颜色的变化。想要对图像的色彩进行调整，只需将滑块拖向需要在图像中增加的颜色，或是拖向需要在图像中减少的颜色即可，如图5-45所示。

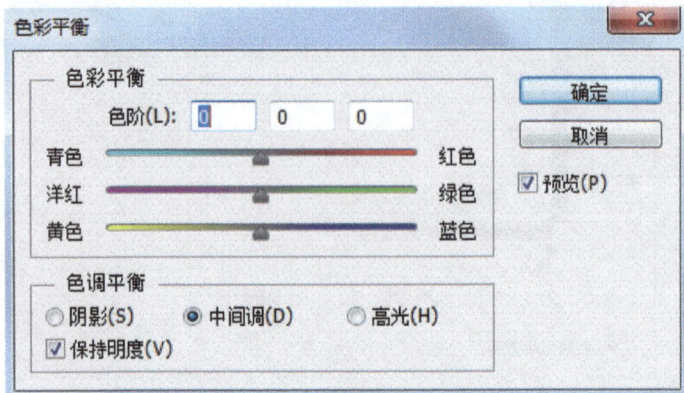

图 5-45

5. "色相/饱和度"对话框

执行"图像"→"调整"→"色相/饱和度"命令（【Ctrl+U】组合键），可以打开"色相/饱和度"对话框。"色相/饱和度"命令可以同时调整图像中的所有颜色，也可以调整图像中特定颜色范围的色相、饱和度和明度；还可以在"调整"面板中存储色相/饱和度调整后的设置，以备在其他同类图像中重复使用，如图5-46所示。

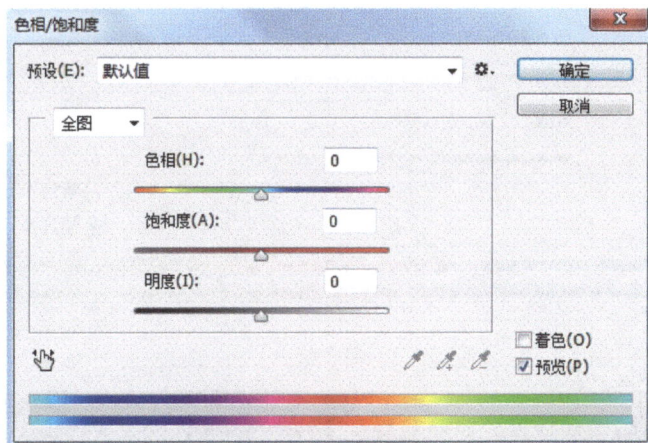

图 5-46

【素材所在位置】Photoshop /素材/图5-47。

【效果所在位置】Photoshop /效果/图5-49。

执行"图像"→"调整"→"色相/饱和度"命令（【Ctrl+U】组合键），就会弹出"色相/饱和度"对话框，将对话框中的参数按照图5-48中的数值进行设置，最终得到色彩饱和度合适的图片，如图5-49所示。

图 5-47

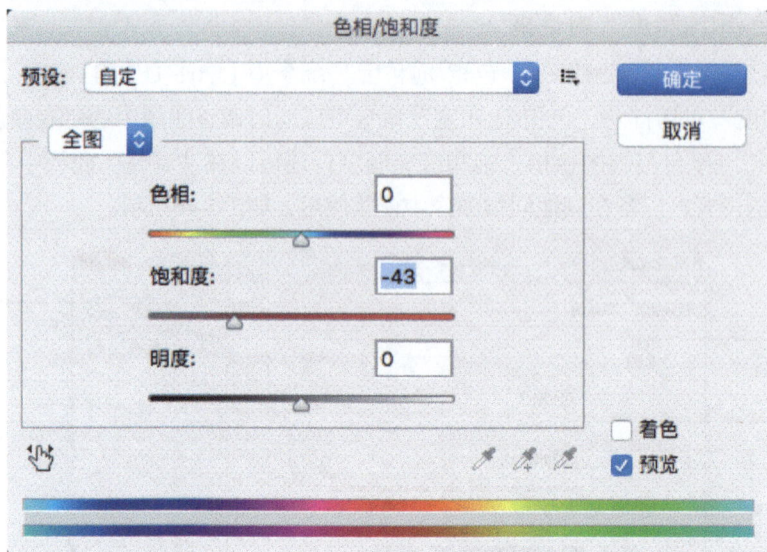

图 5-48

图 5-49

课堂作业

　　将教师给出的图片进行相应的色彩优化操作。

　　要求：

　　（1）可以进行适当的夸张处理，但优化后的商品图片能够真实还原商品固有的色彩。

（2）对优化效果操作进行总结，并以小组为单位进行PPT形式的汇报交流。

5.3 图片瑕疵修饰

❶ 了解图片瑕疵处理基本工具
❷ 掌握修复曝光的方法
❸ 掌握还原清晰照图片的方法

5.3.1 图片瑕疵处理基本工具

商品在拍摄过程中会出现脏点、划痕、破损等瑕疵，还有一些穿帮的部分都需要后期修复。这时可以根据具体情况灵活使用修复修补工具或者图章工具来修复，功能包括修复工具、调整图层、图层混合模式和一些修饰滤镜等。下面介绍几个用Photoshop软件去除图片瑕疵的基本技法。

1. 使用仿制图章工具

使用仿制图章工具进行图片的瑕疵修复是比较常用的方法。具体的操作：在工具栏里选取仿制图章工具，按住Alt键，在无瑕疵区域单击相似的色彩或图案采样，然后在文字区域拖动鼠标复制以覆盖瑕疵，如图5-50所示。

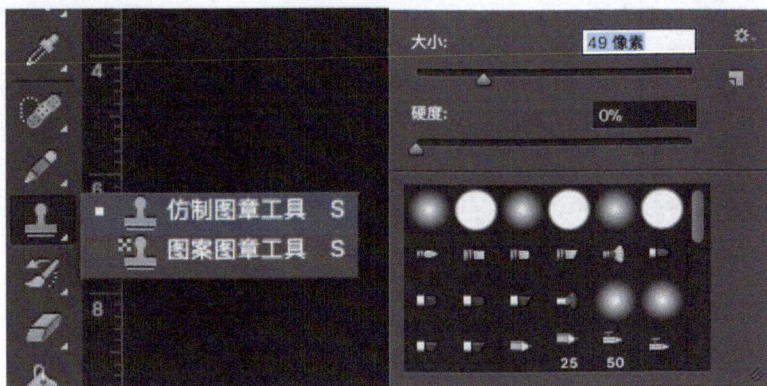

图 5-50

需要注意的是，采样点即为复制的起始点。选择不同的笔刷直径会影响绘制的范围，而不同的笔刷硬度会影响绘制区域的边缘融合效果。

2. 使用修补工具

如果图片的背景色彩或图案比较一致，使用修补工具就比较方便。选取修补工具，在参数面板上选择修补项为"源"，关闭"透明"选项。然后用修补工具框选文字，拖动到无瑕疵区域中色彩或图案相似的位置，松开鼠标就可完成复制，具体的操作如图5-51所示。

修补工具具有自动匹配颜色的功能，复制出的效果与周围的色彩较为融合，这是仿制图章工具所不具备的。

图 5-51

3. 使用修复画笔工具

如图5-52所示，选取修复画笔工具，在参数面板上可以调节此工具的各种参数，其操作的方法与使用仿制图章工具相似。按住Alt键，在无瑕疵区域单击相似的色彩或图案采样，然后在瑕疵区域拖动鼠标复制以覆盖瑕疵。修复画笔工具与修补工具一样，也具有自动匹配颜色的功能，因此可根据需要进行选用。

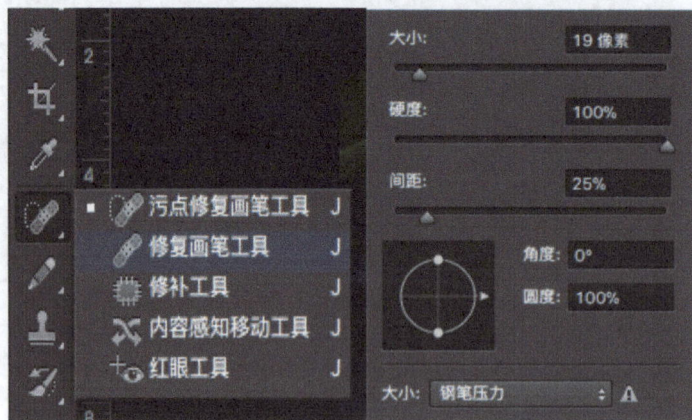

图 5-52

图片修饰的基本工具很简单，但是实践操作过程中会有很多种操作方法，是一个综合分析判断、然后解决问题的过程，需要通过反复练习形成条件反射，看到一定形式的图片瑕疵，脑中就能快速形成解决方案。

人像和静物商品的瑕疵修饰方法都相同，使用的基本工具也相同。人像的修饰更为复杂，如果能掌握人像的瑕疵修饰技巧，静物商品的瑕疵修饰就简单多了。

5.3.2 修复曝光

曝光是指在摄影过程中进入镜头照射在感光元件上的光量，由光圈、快门、感光度的组合来控制。

直方图是以图形的形式表现图像中像素的亮度分布。直方图的横轴从左到右代表照片中从黑（暗部）到白（亮部）的像素数量；直方图的竖轴表示相应部分所占画面的面积，峰值越高说明该明暗值的像素数量越多。通过观察直方图可以分析出图像在暗调、中间调和高光部分中是否包含足够的细节，以便进行校正。

图5-53就是直方图面板，观察直方图，如果直方图的值均分布在左边，缺少"很亮"部分的亮部细节，说明该画面没有明亮的部分，整体偏暗，有可能曝光不足；如果直方图的值均分布在右边，说明画面缺乏"很暗"区域的暗部细节，很有可能曝光过度；如果直方图的值仅仅分布在中间部分，也就是停留在"较暗"和"较亮"的区域内，说明该画面缺少明部和暗部，整个图像看起来就是灰蒙蒙的。

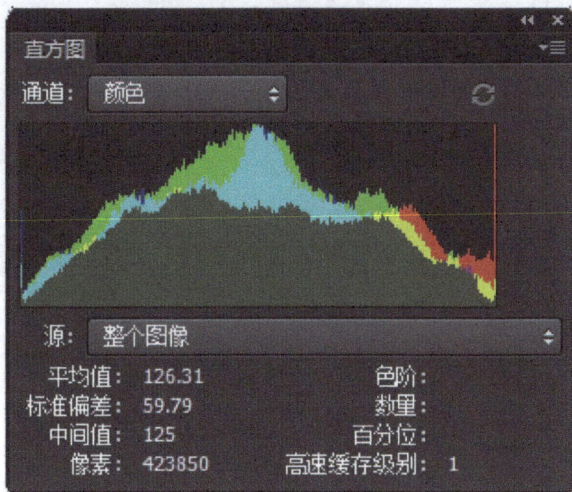

图 5-53

5.3.3 还原图片清晰度

1. 锐化工具

单击工具箱中的锐化工具，然后在锐化工具选项栏中设置较软的画笔笔尖，并降低强度，在照片中模糊的地方反复涂抹，如图5-54所示。

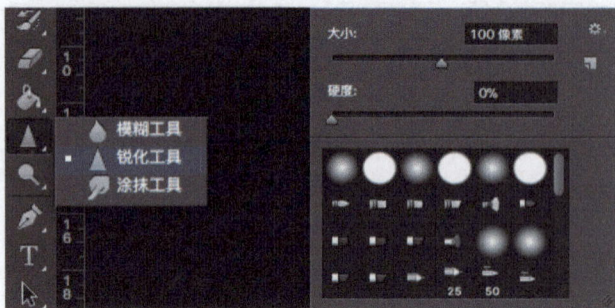

图 5-54

2. USM锐化滤镜

USM（Unsharp Mask）即Photoshop软件中的锐化功能。如图5-55所示，执行"滤镜"→"锐化"→"USM锐化"命令，在弹出的对话框中设置较大的数量、较小的半径、最小的阈值，以防止损失图片质量，确定需要锐化的边缘区域。

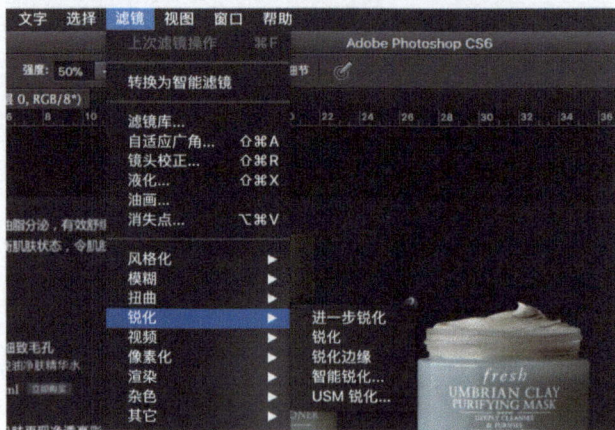

图 5-55

【素材所在位置】Photoshop/素材/图5-56。

【效果所在位置】Photoshop/效果/图5-60。

执行"滤镜"→"锐化"→"USM锐化"命令，将素材图片进行锐化处理。

按字母S键从工具箱中选择仿制图章工具。在选项栏内，单击"画笔"文字右边的缩览图，从画笔选取器中选择柔角画笔，其大小应该比要删除的黑痣稍大一点，可以使用画笔选取器顶部的主直径滑块调整画笔大小。

在工作时，如果需要快速调整画笔大小，则可以使用键盘上的方括号键，左方括号键使画笔变小，右方括号键使画笔变大，如图5-57所示。

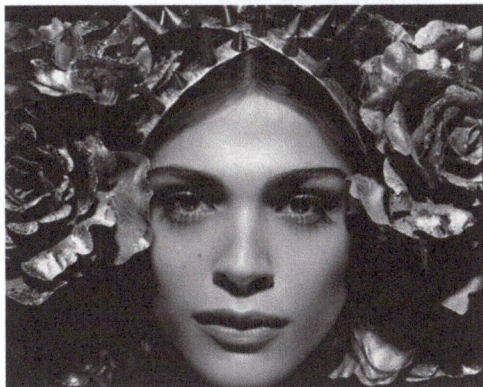

图 5-56

图 5-57

把选项栏中仿制图章工具的模式下拉列表修改为"变亮"。仿制图章将只影响比采样区域暗的像素，比采样区域亮的像素（正常皮肤色调）保持不变，只有较暗的像素（黑痣）才会受影响，如图5-58所示。

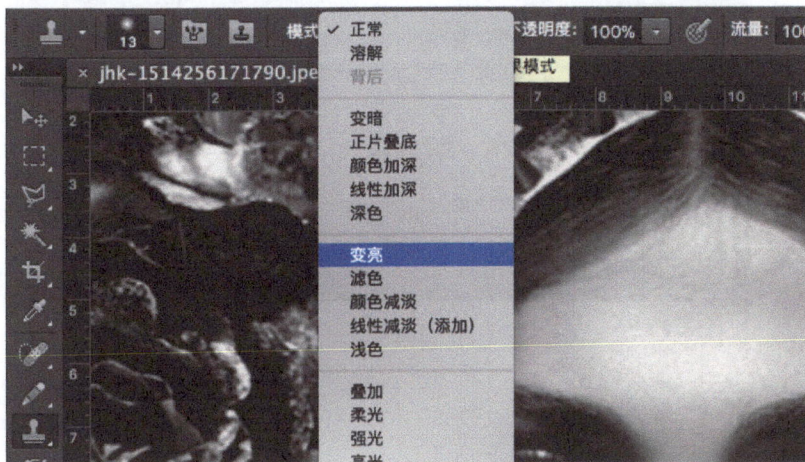

图 5-58

在黑痣周围找出一块干净的皮肤（干净指没有明显的斑点、瑕疵等），按住Alt键（装有苹果系统的计算机按Option键）并保持，单击一次鼠标，从该区域取样。注意一定要在靠近黑痣的附近区域取样，这样才会使皮肤的色调相匹配。如果取样区域太远，则可能会使结果出现不同的颜色，造成修复失败。最后，在黑痣上再次单击就可以将黑痣去除，将前后的效果进行对比可以看到，黑痣被消除，没有留下明显的修改痕迹，如图5-59所示。最终将人像修整完成，如图5-60所示。

图 5-59

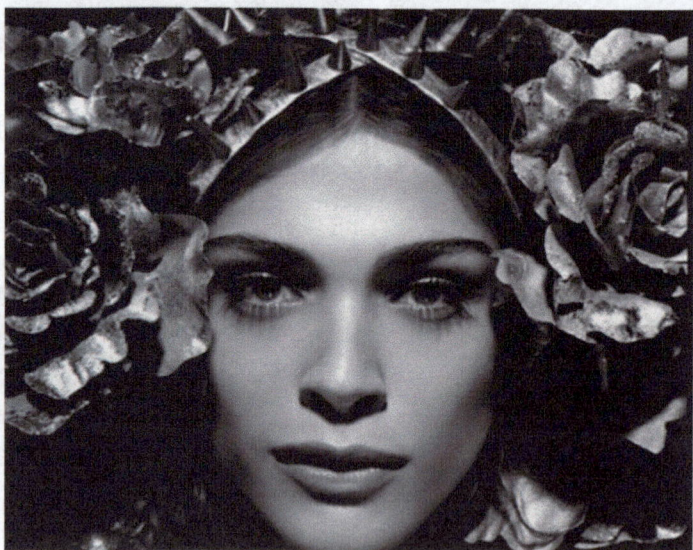

图5-60

课堂作业

将教师给出的瑕疵图片进行修饰。

要求：

（1）熟练使用修饰工具，每种工具反复3遍以上。

（2）能在看到瑕疵图的第一时间说出修饰方案。

第3篇
综合项目实战

第6章
商品拍摄实战——
以电热水壶为例

我们用日常生活中常见的电热水壶来演示一下商品拍摄的过程。电热水壶属于日常用品，比较方便用来进行拍摄练习。由于电热水壶包含反光度高的金属和亚光的塑料，所以是比较理想的练习道具。

学习目标

❶ 掌握商品拍摄的流程
❷ 掌握独立完成商品拍摄的能力

6.1 商品拍摄的基本流程

商品的拍摄不必严格按照艺术摄影的模式拍摄，而是要兼顾后期制作的方便，同时也要站在消费者的角度来确定商品细节的拍摄要点，让消费者全方位地了解商品信息。提供优质的商品拍摄图片，不仅能让消费者有更好的购物体验，也有利于商品转化率的提高，而且能提高店铺和商品的搜索权重。

商品拍摄的基本流程如下。

第1步：分析被拍摄商品，确定表现部位。

第2步：选择拍摄设备，搭建拍摄场景。

第3步：清洁商品。

第4步：调整布光，并设定相机参数。

第5步：拍摄完成后，设备管理维护。

为了方便学习，我们尽量选取身边常用的物品作为练习拍摄的道具，下面以电热水壶为例对拍摄流程进行详解。

6.2 拍摄流程详解

第1步：分析被拍摄商品，确定表现部位。

在拿到需要拍摄的商品之后，首先要对商品进行分析。分析的内容主要包括：商品的材质需要使用什么灯光设备、商品需要拍摄几个角度、商品的卖点是什么、消费者希望得到哪些商品的细节等，如果涉及软装背景，还需要考虑到背景如何搭配等问题。

根据不锈钢电热水壶这一拍摄物品，我们依次来分析商品拍摄的主要内容。不锈钢电热水壶表面光滑如镜，具有强烈的单向反射能力，直射灯光聚射到它的表面后，会产生强烈的折射。所以拍摄这类商品，一是可以采用柔和的散射光线进行照明，二是可以采取间接照明的方法，即将灯光作用在反光板或其他具有反光能力的物体上，反射出来的光照明商品，得到柔和的照明效果。

拍摄电热水壶的常规角度就是侧面，这样能够突出产品的造型特点。如果需要多角度进行拍摄的话，还应该拍摄商品的底部和顶部，如图6-1和图6-2所示。消费者在浏览商品时还会关注把柄和壶嘴等细节，在拍摄的时候也要体现，如图6-3和图6-4所示。

图 6-1

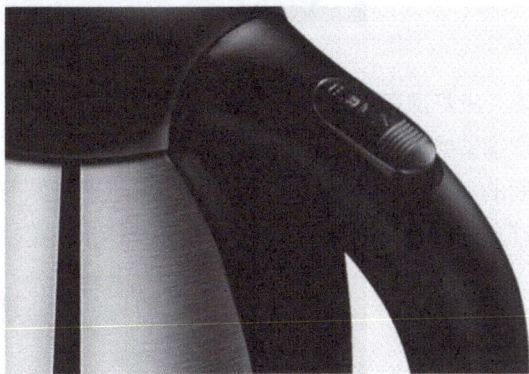

图 6-2

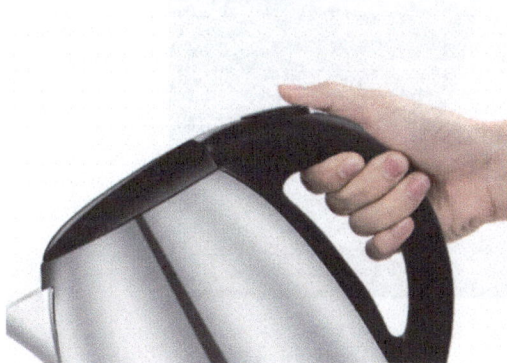

图 6-3

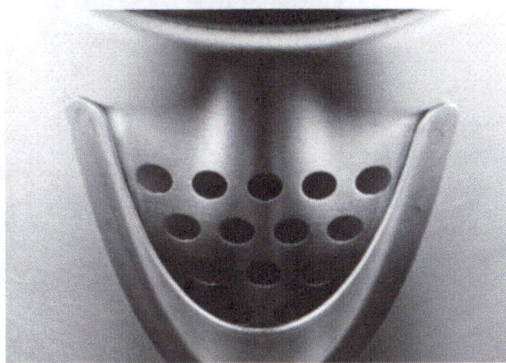

图 6-4

第2步：选择拍摄设备，搭建拍摄场景。

根据对商品的分析，我们搭建拍摄场景时需要一个面积较大的柔光箱，让柔光箱呈45°角照射。在没有柔光箱的情况下，也可以用硫酸纸来代替。这盏加了柔光箱的灯起主灯的作用，它决定了画面的基调，在后面调整布光的时候可以调整主灯的位置，如图6-5所示。

图 6-5

主灯准备好后，为避免画面较暗，拍摄者可以在商品的正面位置放置一盏辅助灯。注意辅助光的亮度一定不要超过主光，辅助光最好也采用性质较软的光线，这样可以降低画面的反差，增加画面的亮度。如果一盏灯照明的画面亮度比较合适，也可以不添加辅助灯。灯光设备准备好后，还应该根据实际情况进行调整，如图6-6所示。

图 6-6

第3步：清洁商品。

拍摄商品的时候一定要保持商品表面清洁。因为电热水壶有很强的反光，指纹和灰尘很容易被相机记录下来，所以在操作的时候，一定要戴上手套。不锈钢上的污渍很容易影响拍摄效果，如图6-7所示。同时，电热水壶黑色塑料部分的污渍在强光下也会很明显，如图6-8所示。除了需要擦除污渍以外，深色的部分可以上一些油，以增强黑色塑料部分的质感和反光度，如图6-9所示。

图 6-7

图 6-8

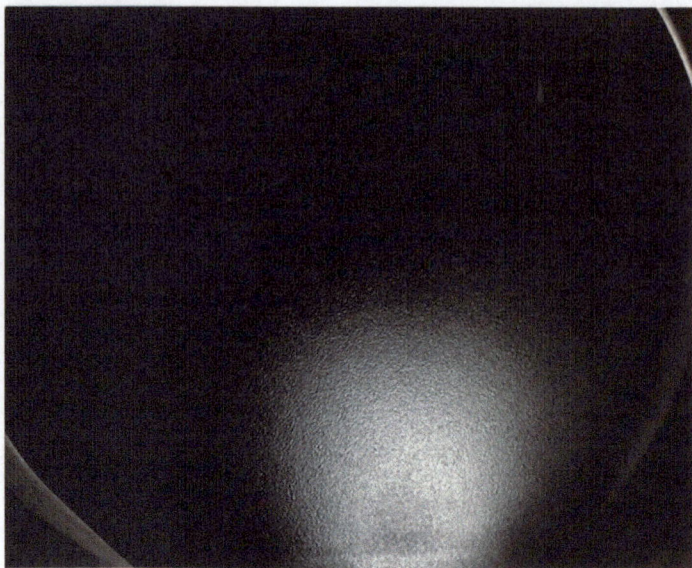

图 6-9

在拍摄的时候，一定要保持场地干净、整洁，避免受其他杂物的干扰。在白色的背景上进行拍摄，画面会显得很干净。

第4步：调整布光，并设定相机参数。

调整布光之前，需要对商品的拍摄效果有预估。如果之前没有拍摄过此类商品，最简单的方法就是在各大电商平台上找一些类似的图来进行比较和借鉴。我们可以很轻松地获取类似效果的图片，如图6-10所示。

通过分析此类图片，我们可以大体知道需要在哪几个方向布灯。在图6-10中突出的是主体的两块比较大的灯光和中间的明暗交界线的感觉，所以两个左右的主灯肯定是有的。黑色塑料部分没有明显的光照，仅仅是部分反光，下部的桌面有很强的反光，所以在上部肯定有一只灯给背景打光，但是灯光并没有直射在塑料部分。

图6-10

通过对图片效果的分析，我们可以确定相应的布光方案，如图6-11所示。

图6-11

灯光设置完成以后，先试拍几张，再根据拍摄的画面效果适当做出调整。

根据灯光的强弱和位置，对快门和光圈进行调整。根据布光，我们把快门调整为1/125s，将光圈调整为f13，将感光度调整为100。配合灯光，我们可以最终得到要拍摄的商品图，如图6-12所示。

图6-12

除了商品主图以外，还有部分细节和包装组合图需要一起拍摄，如图6-13和图6-14所示。

第5步：拍摄完成后，设备管理维护。

拍摄完成以后，设备要及时归位，方便下次使用时能够快速找到相应的设备。在发现设备电量不足的情况下，要及时充电，保证设备随时处于可用状态，以方便快速投入工作。拍摄任务完成后，要检查设备是否关机，插座是否关闭，总之应消除各种安全隐患。

图 6-13

图6-14

课堂作业

挑选3件身边的小物件进行拍摄训练。

要求：

（1）使用柔光灯箱。

（2）至少使用3个方向的光源。

第7章
商品图片精修实战——
以加湿器为例

商品图片绝大部分都需要用Photoshop软件进行处理，而电器类商品图片的处理过程是最复杂，也是最出效果的。我们选用一款加湿器作为案例，来具体演示下对图片进行精修处理的过程。

学习目标

❶ 掌握图片精修的基本思路
❷ 具备独立完成商品图片精修的能力

7.1 图片精修的基本思路

图片处理的最后阶段就是对图片进行精修。消费者在电子商务平台上所看到的商品图，都是被商家精修过的。精修过程是熟练运用Photoshop软件对图片进行编辑的过程。图片精修的基本思路如下。

第1步：了解商品的特点，分离主要部件。

第2步：主要部件优化。

第3步：组合调整出图。

下面以加湿器为例，对精修流程进行详解。

7.2 精修流程详解

第1步：了解商品的特点，分离主要部件。

【素材所在位置】Photoshop/素材/加湿器

打开素材，使用快速选择工具或者磁性套索工具抠选出商品素材，如图7-1所示。

图 7-1

　　分离商品的几个部位（重点：熟练掌握钢笔工具），选取适合的工具进行操作。这里我们以钢笔工具为例（其快捷键字母P键），如图7-2所示。

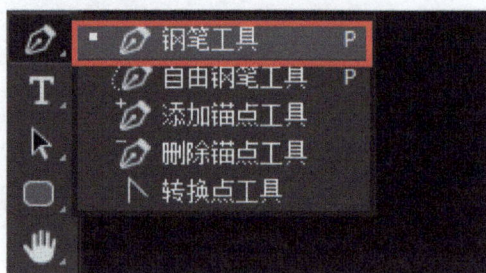

图 7-2

　　单击加湿器部位的边缘，再单击鼠标左键并按住不放，滑动鼠标调整弧度进行变形。如需锚点，按住Alt键取消上次弧度数据，重新调整弧度至完全贴合绿色部分的弧度，如图7-3所示。直至建立图7-4所示的封闭路径。

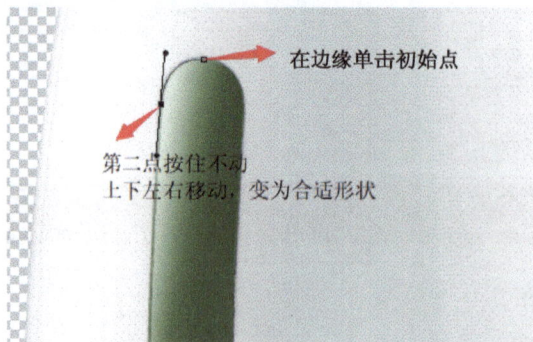

图 7-3

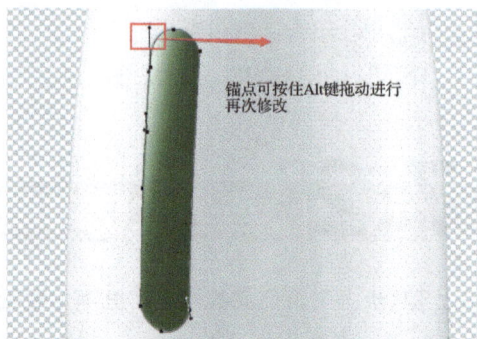

图 7-4

将路径转化成选区，在"建立"栏目下选择"选区"，如图7-5所示。按照图7-6的面板指示进行参数设置。将"羽化半径"设置为0，以获取边缘清晰的选区。

图7-5

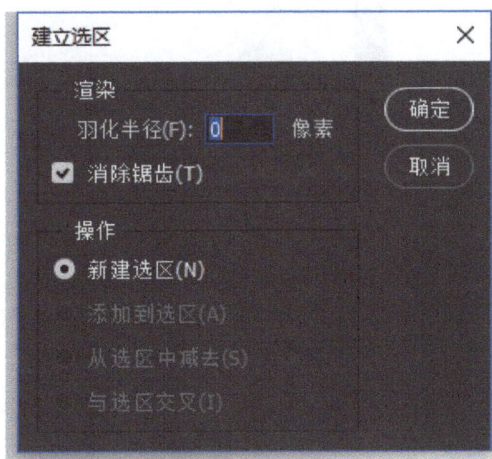

图7-6

按【Ctrl+J】组合键复制选区，复制图层时要单击有图像的图层进行复制，得到图7-7所示的效果。将部件从主体中单独分离出来，以便进行下一步编辑。

图 7-7

进行同样的操作，利用钢笔工具将其他部位分别抠选出来，如图7-8所示。

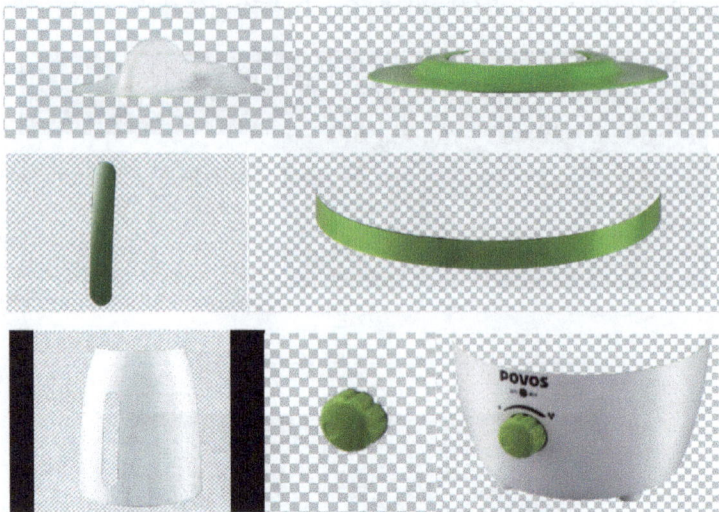

图 7-8

遇到难以抠选的部位，可以利用反向选择（【Ctrl+Shift+I】组合键），在已经做好的图层上，进行选取复制，如图7-9中的部位比较难处理，但是图7-10已经处理完成，使用排除法反向选择，就可以将需要选中的部分建立选区。

图7-9

图7-10

第2步：主要部件优化。

选择顶部绿色部分图层，右击并选择"转换为智能对象"命令，如图7-11所示，之后按【Ctrl+M】组合键，打开"曲线"对话框，如图7-12所示，调整对比度，得到图7-13所示的效果。

按住Ctrl键单击中间绿色部分进行选区选取，新建图层，填充比原来颜色更亮些的颜色（利用吸管工具与前景色填充，【Alt+Delete】组合键），如图7-14所示。

新建图层，创建剪切蒙版（【Ctrl+Alt+G】组合键），选择画笔工具，颜色值调为纯白，扩大画笔，单击左上角，调低不透明度到70%，建立高光，得到图7-15所示的效果，再在图层面板中，将新建的图层和创建的模板图层归为一组，如图7-16所示。

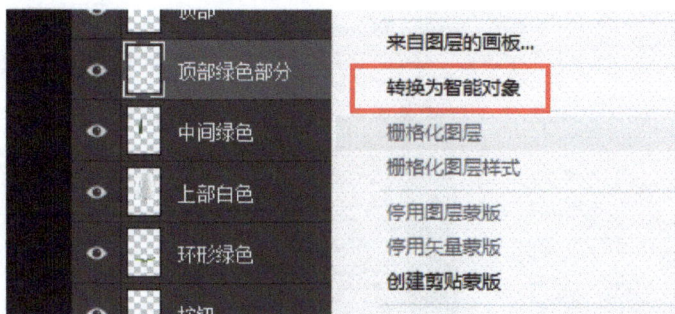

图 7-11

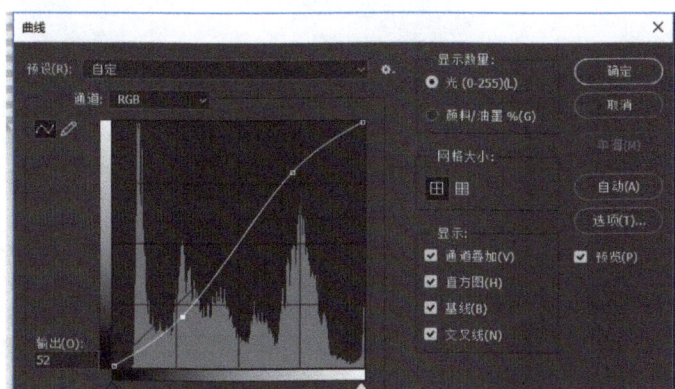

图7-12

图7-13

图7-14

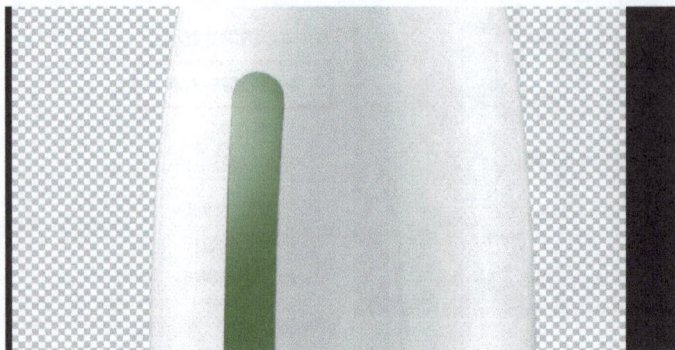

图7-15

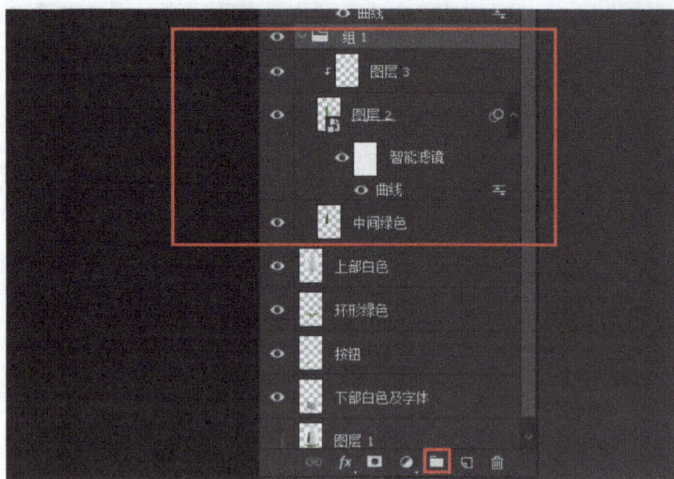

图7-16

按住Ctrl键单击图层，按【Shift+F6】组合键羽化10个像素，如图7-17所示。反向选择，按住Alt键单击蒙版，如图7-18所示。

按【Shift+F6】组合键弹出"羽化选区"对话框，调整像素

图7-17

图7-18

之后，对中部白色进行铺光调整，如图7-19所示。新建图层，剪切蒙版（【Ctrl+Alt+G】组合键），用矩形选框工具画出矩形，用前景色填充，在菜单栏里选择滤镜中的高斯模糊，如图7-20所示。将高斯模糊半径调整到70像素，如图7-21所示。再调整不透明度到80%。

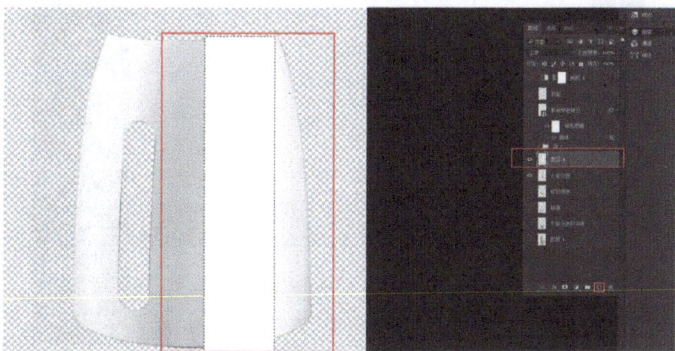

图7-19

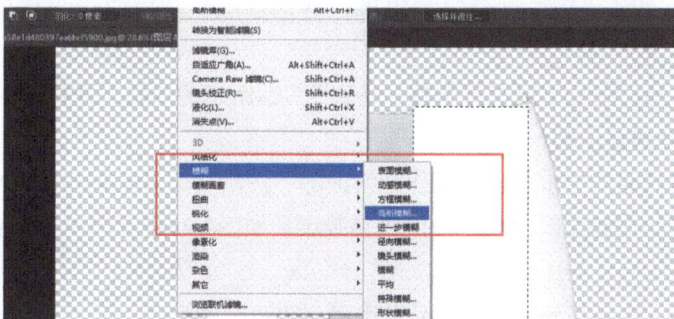

图7-20

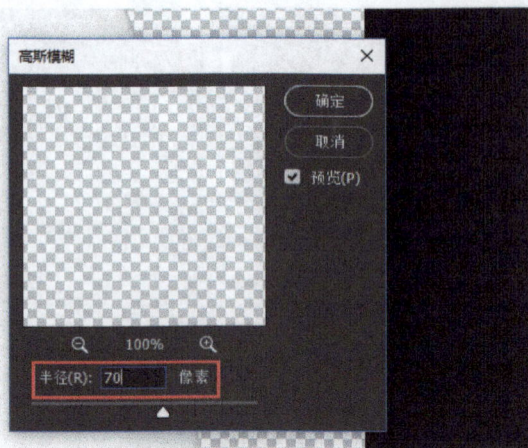

图7-21

按住Alt键进行复制并拖动，再次添加高光，结合【Ctrl+T】组合键进行变形调整，得到图7-22所示的效果。

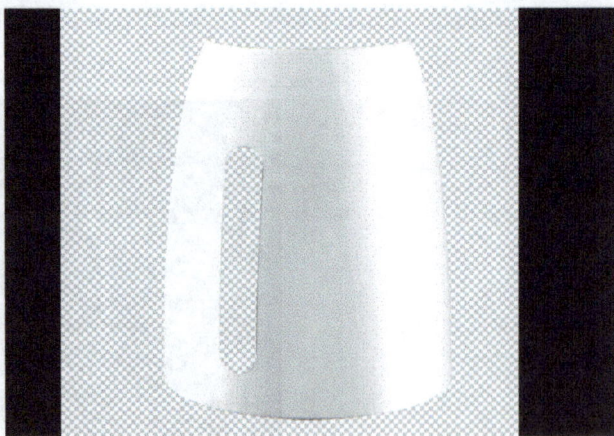

图7-22

选择钢笔工具，将中间部分复制出来，剪切蒙版，利用曲线调高亮度，如图7-23所示。

建立蒙版，利用渐变工具进行修整，得到图7-24所示的效果，并将图层归组。

第3步：组合调整出图。

其他部分按照同样的步骤进行操作，将顶部、按钮与环形绿色部分也增加对比度，然后组合图层，使用曲线工具调整整体的光感效果，如图7-25所示。在"图层样式"对话框中根据需要设置投影，如图7-26所示。

制作完成后，查看精修前后的商品对比图，如图7-27所示。

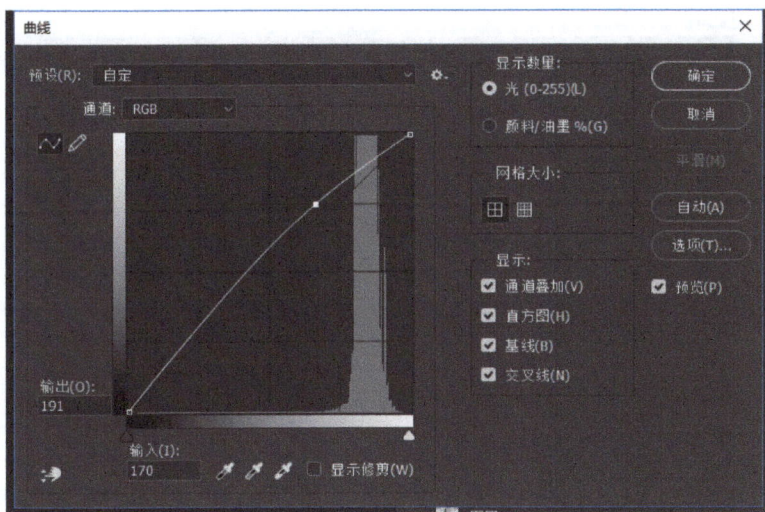

图7-23

图7-24

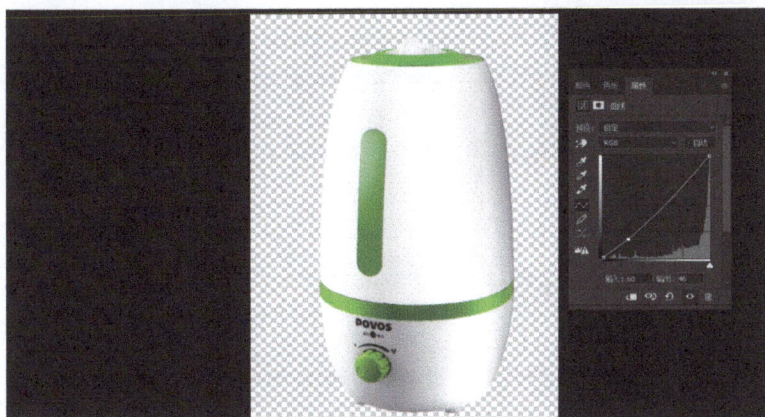

图 7-25

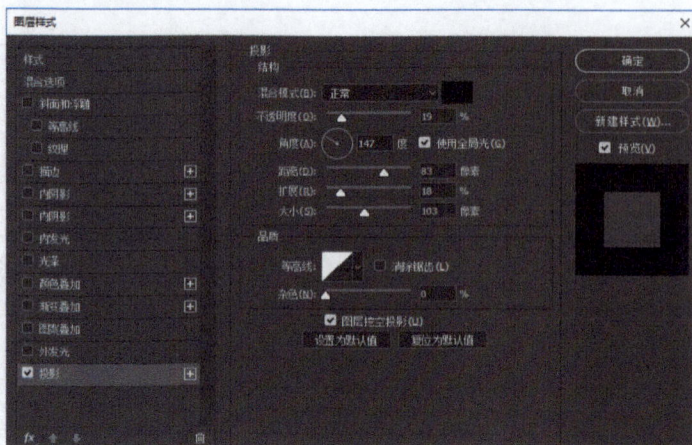

图 7-26

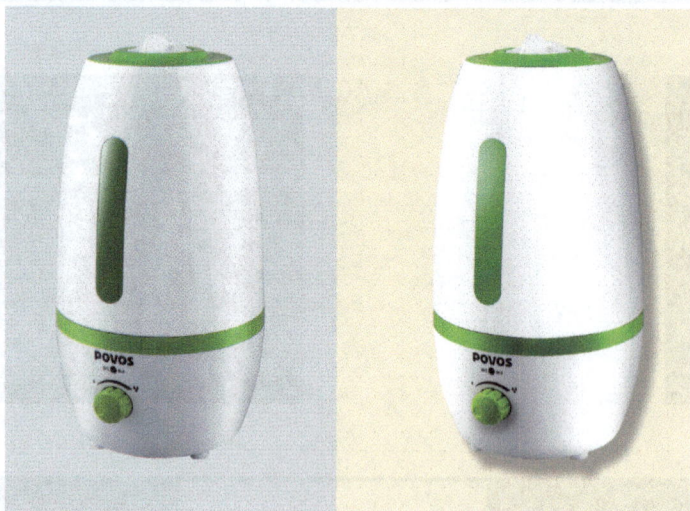

图 7-27

课堂作业

对拍摄作业的图片进行精修处理。

要求：

（1）尽可能详细地进行部件拆分，并建立条理清晰的图层分组。

（2）细节的处理不能失真。

（3）作业保存成psd格式，不要合并图层。

第8章
促销广告设计实战——
以小家电为例

本章我们选取了一个比较典型的广告设计项目，包含了抠图、色彩渐变、商品组合、文字排版等核心操作内容。通过完成该项目，我们能够综合应用之前讲授的理论知识。学习了这个案例之后，大家可以举一反三地完成其他门类商品广告的设计工作。

学习目标

1. 掌握促销广告的制作流程
2. 具备独立完成广告制作项目的能力

8.1 促销广告设计的基本流程

本章我们以小家电为例，学习电商广告设计的实践操作过程。视觉广告是电子商务活动中最常见的营销形式，也是视觉营销重要的组成部分，我们以电商平台上常见的一则广告设计案例进行剖析来说明促销广告设计的基本流程。促销广告设计的流程一共分为以下4步。

第1步：制作背景素材。

第2步：添加商品素材。

第3步：字体制作。

第4步：调整亮度。

8.2 制作过程详解

第1步：制作背景素材。

首先新建1920像素×720像素的画布（【Ctrl+N】组合键），然后填充背景。拾色器可以根据数值准确选择自己所需要的色彩，如图8-1所示。在前景色中选取合适的色彩

（此处前景色RGB中R为222，G为43，B为36），单击油漆桶工具（快捷键为字母G键，切换命令栏命令为Shift+工具快捷键），单击背景进行填充，也可以按【Alt+Delete】组合键填充前景色（背景色组合键【Ctrl+Delete】），如图8-2所示。

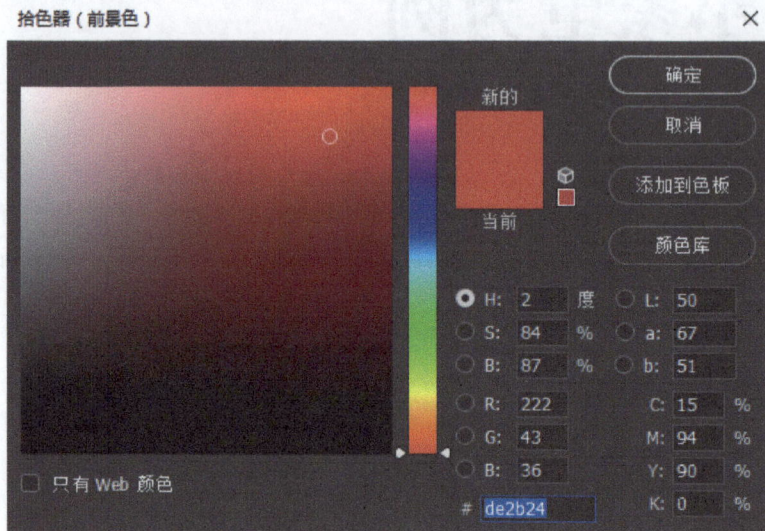

图 8-1

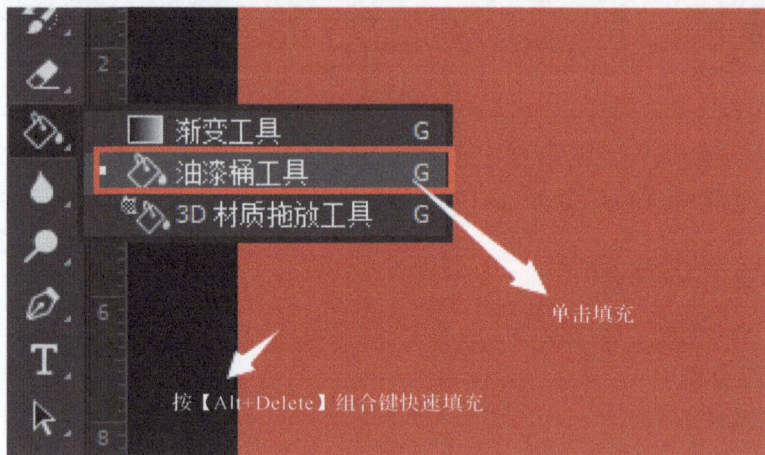

图 8-2

　　背景如果只有一种颜色，就会显得很单调，此时需要添加一些元素让背景看起来更加丰富。我们选用圆形素材对背景进行装饰。

　　首先，在背景图层上新建一个空白的图层（以方便修改细节），如图8-3所示。

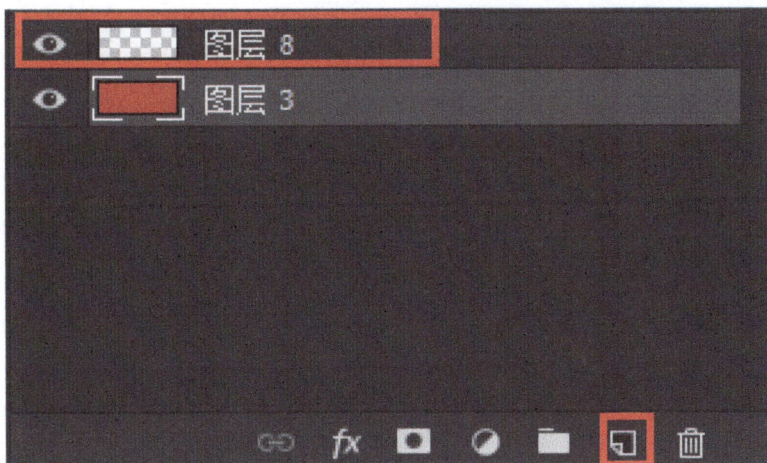

图 8-3

选取椭圆选框工具，按住**Shift**键在背景上绘制出稍小的正圆形选区，如图8-4所示。

图 8-4

利用前景色快捷填充（【Alt+Delete】组合键）给正圆选区填充白色，调整其透明度到10%左右。透明框的数值可以根据画面效果进行调整，如图8-5所示。

图8-5

正圆大小可以通过按【Ctrl+T】组合键进行更改。选择其图层，按住Alt键，单击左键，移动正圆，从而实现复制，如图8-6所示。将两圆之间间距控制在合适的距离，再选取两个圆形图层，进行相同的操作，最终得到图8-7所示的效果。

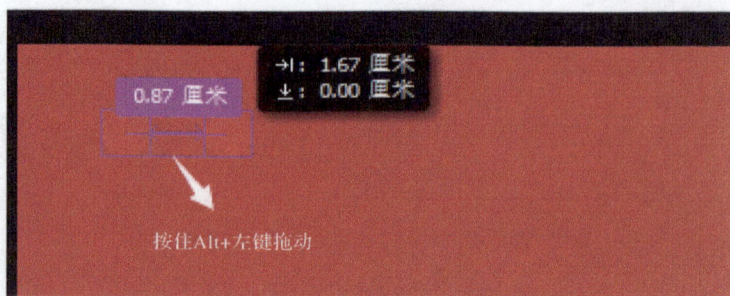

图8-6

图8-7

选取所有圆形素材（按住Ctrl键单击可以多项选择，按住Shift键可以选择第一个到最终单击目标之间的所有图层）并建立组，按Ctrl键进行整体移动。

涂抹颜色，使背景更加柔和，在背景图层上新建图层，选择前景色（此处RGB中，R为250，G为111，B为35），选择画笔工具，调整不透明度为58%、流量到60%左右，对画布四角及边缘进行适量的涂抹，如图8-8所示。

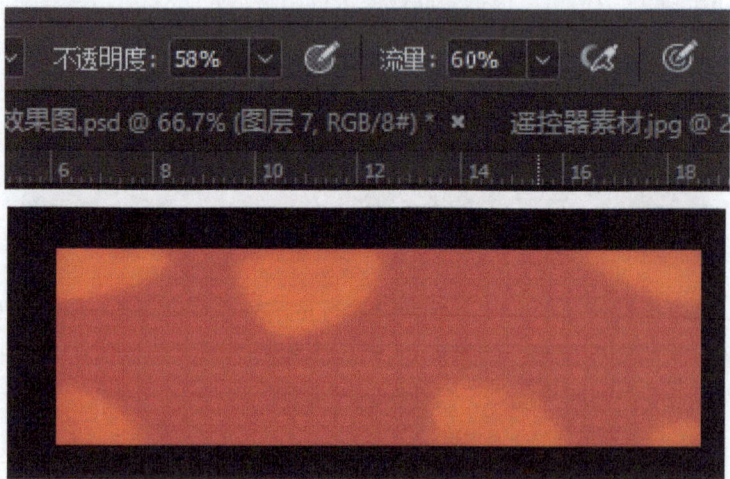

图8-8

制作圆角矩形商品背景修饰，选择圆角矩形工具（快捷键字母U），绘制圆角矩形，如图8-9所示。

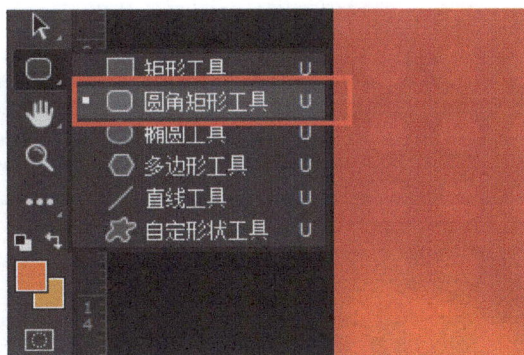

图8-9

打开窗口下的属性面板，调整角半径到最大，在图8-10所示的面板红框中可以调整圆角的4个参数值。

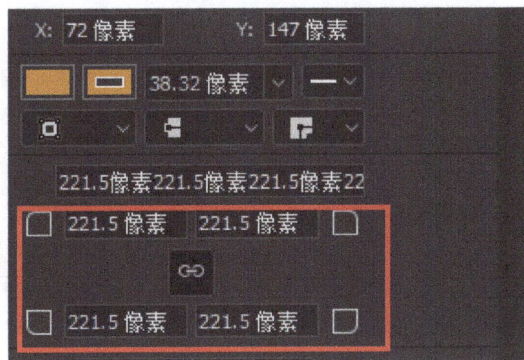

图8-10

右击圆角矩形图层，对其进行栅格化，使之可被选取编辑，如图8-11所示。

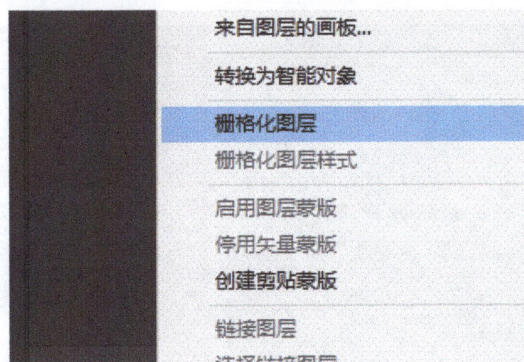

图8-11

按住Ctrl键单击圆角矩形图层进行选取，单击渐变工具，选择合适的两个颜色，进行上色。此处渐变颜色设置中，（第一组）R为250、G为111、B为35；（第二组）R为239、G为170、B为51，如图8-12所示，最终得到图8-13所示的效果。

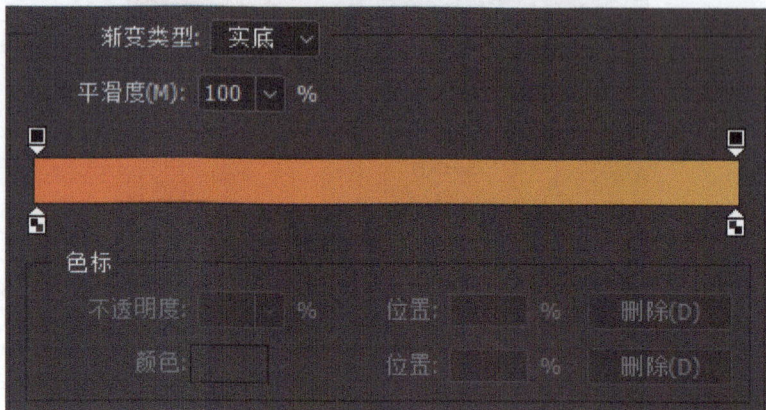

图8-12

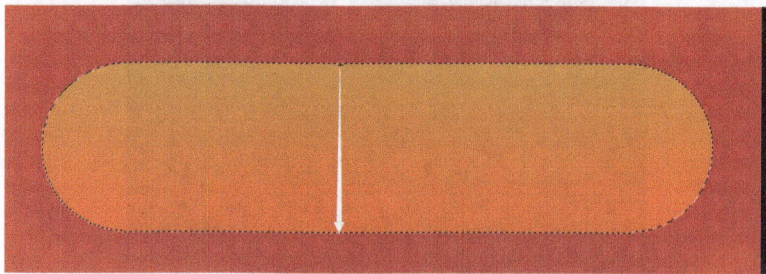

图8-13

按【Ctrl+T】组合键对其大小进行调整，同样在左侧再制作3个从大到小的圆角矩形作为商品展示框，并在其混合模式（右击图层，第一个）里调整其内阴影，使其有立体感，如图8-14所示。将所有圆角矩形归为一组，以方便整体操作，最终得到图8-15所示的效果。

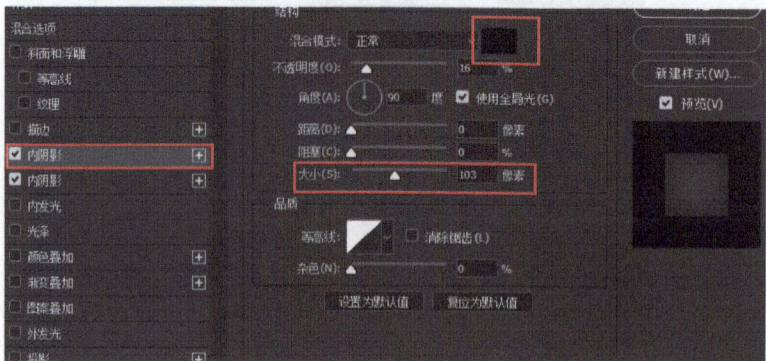

图8-14

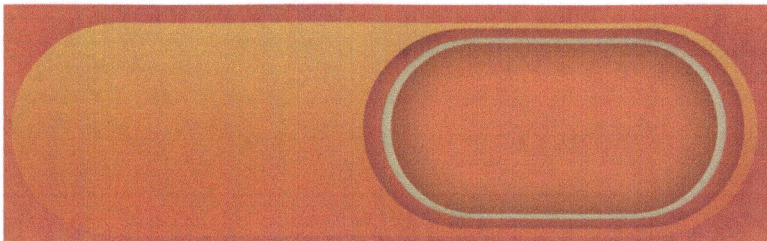

图8-15

接下来制作球型装饰。首先，新建图层，单击椭圆选框工具，按Shift键并单击鼠标左键拖出正圆形，选择渐变工具，填充颜色，如图8-16所示。

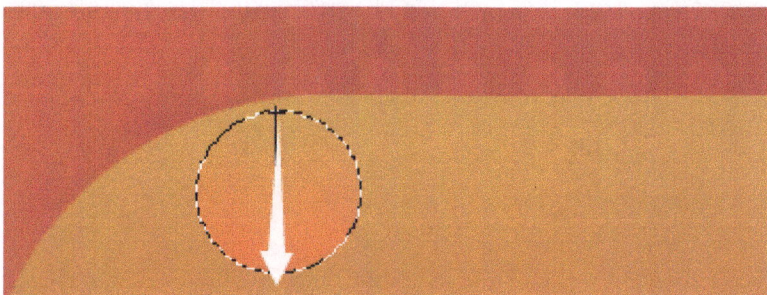

图8-16

选择其图层，按【Ctrl+J】组合键复制4～5个图层，按【Ctrl+T】组合键调整大小与角度，放在合适位置，如图8-17所示。

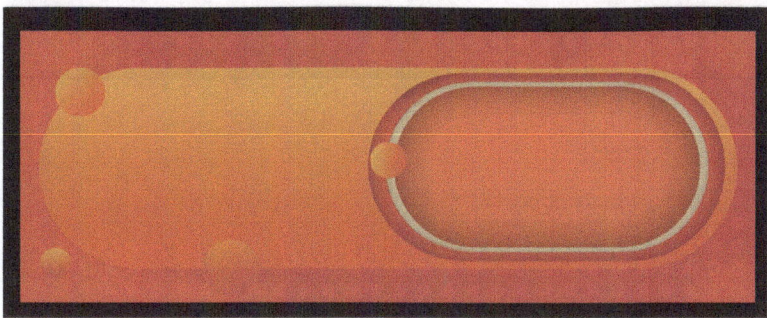

图8-17

然后制作环形拱门装饰。选择椭圆工具，取消填充，打开描边，选择合适的描边颜色（此处RGB中，R为239、G为170、B为51），调整描边大小到70像素左右，绘制出图8-18所示的环形正圆（按住Shift）。栅格化图层，右击进入混合模式，添加内阴影与投影。

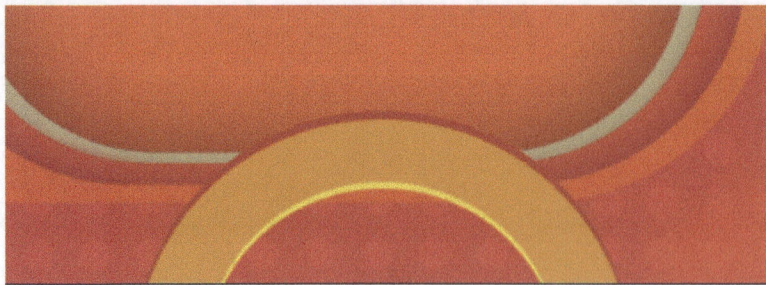

图8-18

选择多边形工具，添加五角星装饰。在其设置中调整边数为5，调整缩进边数据为50%左右，选取红色前景色，进行绘制、复制、排版。最终得到图8-19所示的效果，将环形拱门装饰归为一组。

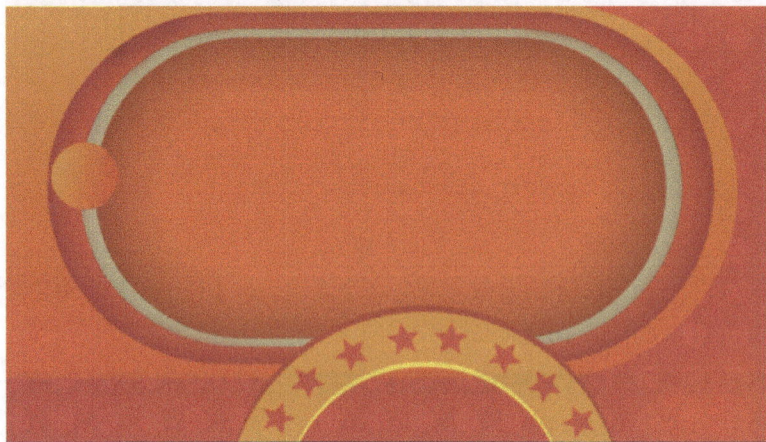

图8-19

第2步：添加商品素材。

【素材所在位置】Photoshop/素材/微波炉。

【素材所在位置】Photoshop /素材/台式计算机。

【素材所在位置】Photoshop /素材/遥控器。

打开商品素材进行抠图（【Ctrl+O】组合键），推荐使用两种工具：快速选择工具（字母W键）、磁性套索工具（字母L键）。

建立好选区，按【Ctrl+J】组合键复制图层，将复制出来的图层移动到背景画布，也可以按【Ctrl+C】组合键复制，【Ctrl+V】组合键粘贴，最后按【Ctrl+T】组合键调整商品大小与角度，将商品图层归为一组，如图8-20所示。

图8-20

第3步：文字制作。

选择字体工具，输入文字（此处字体为：Adobe黑体 std），调整大标题、小标题、副标题大小，在移动工具中使其左对齐，给副标题添加圆角矩形背景框。

文字部分输入结束后，可以调出文字编辑面板，对文字的大小、行距、颜色、字体等变量进行调整，如图8-21所示。

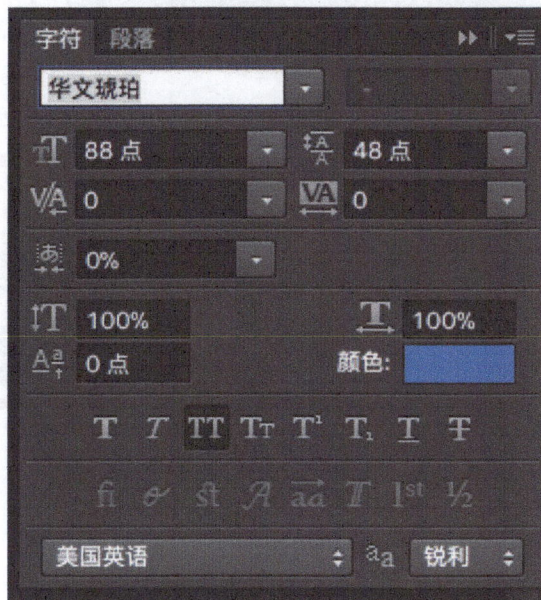

图8-21

如果使用的是台式计算机，键盘上有两个输入区的两个回车键。按大键盘的回车键是文字的换行功能，不管按几次，始终是在同一文字图层内进行换行；按小键盘的回车键，则是可以新建一个文字图层，编辑的时候注意活用这两个快捷键，以便提高操作效率，如图8-22所示。

图8-22

第4步：调整亮度。

打开"曲线"面板，调整亮度，使整体感觉更加舒适，如图8-23所示。

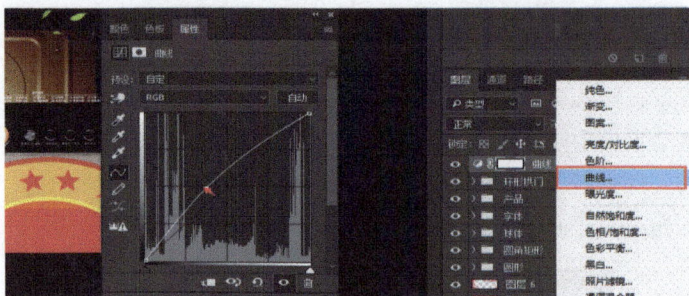

图8-23

至此，美的微波炉电商促销广告设计完成，最终得到如图8-24所示的效果图。

图8-24

课堂作业

在主流电商平台上任选2款不同产品类别的促销广告设计实例，进行模仿操作。

要求：

（1）尽可能详细地复制所有信息。

（2）在不影响整体效果的前提下，允许添加元素。

（3）作业保存成psd格式，不要合并图层。